DAVID J. MERKH

O MAPA DO TESOURO

LIÇÕES VALIOSAS
DE **PROVÉRBIOS**
PARA O DIA A DIA

© 2009, 2024 por David Merkh

2ª edição: abril de 2024

REVISÃO
Francine Torres
Ana Maria Mendes

PROJETO GRÁFICO E DIAGRAMAÇÃO
Sonia Peticov

CAPA
Julio Carvalho

EDITOR
Aldo Menezes

COORDENADOR DE PRODUÇÃO
Mauro Terrengui

IMPRESSÃO E ACABAMENTO
Imprensa da Fé

Todos os direitos desta edição reservados à
EDITORA HAGNOS LTDA.
Rua Geraldo Flausino Gomes, 42, conj. 41
CEP 04575-060 — São Paulo, SP
Tel.: (11) 5990-3308

E-mail: hagnos@hagnos.com.br
Home page: www.hagnos.com.br

Editora associada à:

ASSOCIAÇÃO BRASILEIRA DE
DIREITOS REPROGRÁFICOS

Dados Internacionais de Catalogação na Publicação (CIP)
Angélica Ilacqua CRB-8/7057

Merkh, David J.

O mapa do tesouro: lições valiosas de Provérbios para o dia a dia / David J. Merkh. – 2. ed. - São Paulo: Hagnos, 2024.

ISBN 978-85-7742-508-2

1. Bíblia. A.T. Provérbios – Crítica, interpretação, etc.
2. Família
I. Título

24-0495   CDD 248.843

Índices para catálogo sistemático:
1. Bíblia. A.T. Provérbios – Crítica, interpretação, etc.

PARA NOSSOS NETOS

David Zemmer
Lila Merkh
Tiago Zemmer
Andrew Merkh
Lindsey Merkh
Natália Zemmer
Isaac Merkh
Ellena Merkh
Benjamin Merkh
Stella Zemmer
John Merkh
Jack Merkh
Hadassah Merkh [*in memorian*]
Alexander Merkh
Annelyse Zemmer
Judah Merkh
Calvin Ramos
Felipe Zemmer
Joanna Merkh
Daniel Ramos
Joseph Merkh

Que continuem crescendo em sabedoria, estatura e graça
diante de Deus e dos homens. (Lucas 2:52)

SUMÁRIO

CAPÍTULO UM

COMEÇANDO BEM

CAPÍTULO QUATRO

ISTO E AQUILO

CAPÍTULO CINCO

ESPADA DE DOIS GUMES

CAPÍTULO SEIS

VIDA E AMOR

CAPÍTULO SETE

DINHEIRO E PODER

CAPÍTULO OITO

MAIS SABEDORIA

COMO DESCOBRIR A VONTADE DE DEUS?

Essa é a preocupação de inúmeros jovens e adultos que tanto desejam "acertar" o plano de Deus, mas se sentem perdidos em um mar de opções, possibilidades e oportunidades.

Infelizmente, há muitos conceitos errados sobre a vontade de Deus em circulação nos dias de hoje. Normalmente esses também representam algum engano quanto ao caráter e à natureza de Deus. Por exemplo, para alguns, Deus é como o "gênio da lâmpada" encontrado semienterrado na areia. Quando esfregamos bem a lâmpada (lemos a Bíblia, oramos, damos dízimo, assistimos aos cultos da igreja, evangelizamos) o "Aladim divino" é obrigado a conceder nosso maior desejo: a revelação dos detalhes de sua vontade e uma garantia de bênção.

Para outras pessoas, a vontade de Deus é "descoberta" do mesmo modo que o poceiro usa uma "forquilha" para achar uma nascente de água. Assim, como a sua vara bifurcada supostamente vibra e se mexe quando chega perto da água, essas pessoas dependem de formas místicas para "descobrirem" a vontade de Deus.

Alguns esperam uma visão, uma profecia, um sonho, um decreto ou até mesmo a "multidão de conselheiros" para revelar a vontade de Deus sem maior ou menor esforço.

Outras pessoas veem a vontade de Deus como um pontinho no meio do mar. Temem tanto errar aquela vontade específica, que correm o risco de se afogarem no meio das possibilidades. Não reconhecem uma liberdade geral dentro dos princípios estabelecidos pela Palavra de Deus.

Como descobrir a vontade de Deus? A resposta certa começa com a Palavra de Deus! Em vez de nos preocuparmos tanto com os aspectos não revelados da vontade de Deus, devemos nos esforçar para conhecer (e praticar) o que Ele já revelou. Deuteronômio 29:29 diz: "As coisas encobertas pertencem ao SENHOR, nosso Deus, porém as reveladas nos pertencem, a nós e aos nossos filhos, para sempre, para que cumpramos todas as palavras desta lei".

O desejo de Deus é que conheçamos a vontade dele. Não foi Ele que escondeu o tesouro, mas sim o nosso inimigo, Satanás. E o "tesouro" está enterrado debaixo do nosso nariz! Foi para revelar sua vontade que Deus, durante mais de 1.600 anos e por intermédio de 40 autores diferentes, nos deu um catálogo da sua vontade na Bíblia. A vontade de Deus está em 66 livros, 1.189 capítulos e 31.173 versículos, todos repletos do seu plano perfeito para nossas vidas! Infelizmente, esse tesouro está escondido para a maioria das pessoas atualmente.

Não acertamos a vontade de Deus, porque não conhecemos a Palavra de Deus. Esta é a razão principal que levou à edição deste volume de devocionais baseado no livro de Provérbios e direcionado a famílias.

Cremos que toda a Palavra de Deus revela a vontade de Deus. Mas, de forma especial e prática, o livro de Provérbios declara essa vontade. Nosso desejo é que Deus use essas seleções para desenterrar tesouros escondidos, providenciando a cada um a graça necessária para colocar em prática as preciosidades que descobrirem.

DAVID J. MERKH

INTRODUÇÃO

Barba Negra foi, talvez, o mais temido pirata em toda a História. Comandava uma frota de seis navios e uma tripulação de cerca de 400 homens. Ao entrar em uma batalha, quando abordava um navio carregado de riquezas, ou mesmo atacando pacatos cidadãos, ele entrelaçava pedaços de corda queimando lentamente em sua barba, rodeando a si mesmo com um véu de fumaça. Parecia um guerreiro de outro mundo. Seus atos de pirataria, do mar do Caribe até a costa norte-americana, fizeram com que acumulasse em baús fantástica riqueza. A tradição diz que esses tesouros foram escondidos em inúmeras ilhas desertas.

A família cristã, atualmente, enfrenta um pirata ainda mais feroz, um "guerreiro de outro mundo" chamado Satanás. A Palavra de Deus diz que ele anda em derredor [...] procurando alguém para devorar (1Pedro 5:8) como um grande dragão, a antiga serpente, que se chama diabo e Satanás, o sedutor de todo o mundo [...] o acusador de nossos irmãos (Apocalipse 12:9,10). Esse pirata tem roubado de todos nós um tesouro de valor inestimável: a vontade de Deus, contida em Sua Palavra.

O mapa do tesouro pretende ajudar pais e filhos a frustrarem os planos do pirata maior, dando-lhe orientações práticas para abrir o baú do tesouro que é o livro de Provérbios.

As colônias norte-americanas finalmente ficaram livres da pirataria quando Barba Negra foi morto em 1718 pela Marinha do Estado de Virgínia. A família cristã de hoje pode se livrar dos enganos e das sutilezas de Satanás, conduzindo sua vida até o tesouro infalível da Palavra de Deus.

COMO USAR ESTE LIVRO

Essa série de devocionais foi elaborada em primeiro lugar visando suprir um recurso para famílias com filhos de 8 a 16 anos de idade. Mas também pode ser usado pelos filhos juniores e adolescentes como guia devocional individual. Aqui, você encontrará um total de 132 devocionais práticos no livro de Provérbios, divididos em 32 tópicos com quatro leituras dentro de cada tópico.

Sugerimos que você e/ou a sua família estude um tópico por semana, completando assim a série inteira em trinta e duas semanas. Para isso, é preciso manter um período devocional durante quatro dias da semana. Cada seleção apresenta um ângulo diferente sobre o tópico bíblico.

Não é preciso seguir rigorosamente a ordem dos tópicos apresentados aqui. Pode começar onde quiser, dependendo das suas necessidades ou do seu interesse.

A ORGANIZAÇÃO DAS SELEÇÕES

Depois do título do tópico principal e do subtítulo descritivo, sempre vem um pequeno verso de duas linhas que resume a ideia principal do texto bíblico daquele dia. Depois segue uma anedota ou leitura que focaliza o ponto principal da lição.

Dividimos as seleções em cinco partes. O Mapa do Tesouro, Cavando Fundo, Abrindo o Baú, Uma Oração e Um Brilhante. As três primeiras frases foram escolhidas pelo fato de que o livro de Provérbios compara a busca pela sabedoria à caça de um tesouro.

Filho meu [...] se buscares a sabedoria como a prata e como a tesouros escondidos a procurares, então, entenderás o temor do Senhor e acharás o conhecimento de Deus.

(Provérbios 2:1,4,5).

Provérbios para a Família divide cada devocional em algumas partes. **O Mapa do Tesouro** cita um ou mais textos bíblicos e destaca algumas observações fundamentais que nos orientarão pelos mares e contra as correntezas antibíblicas atuais. **Cavando Fundo** inclui duas ou três perguntas para reflexão e/ou compartilhar, induzindo o leitor a ir além da leitura superficial do texto para explorar o seu significado maior. Sempre incluímos a leitura de um texto paralelo do Novo Testamento que ressalta o princípio ensinado em Provérbios. (Este é um princípio de "navegação" pelas Escrituras em que duas ou três "testemunhas" – ou pontos de orientação – confirmam cada palavra.) Finalmente, **Abrindo o Baú** inclui um miniprojeto ou desafio que encoraja a aplicação prática do texto estudado. Não adianta estudar o texto bíblico sem aplicá-lo à sua vida. Por isso, **Abrindo o Baú** talvez seja a parte mais importante do guia devocional.

Cada seleção inclui **Uma Oração** que sugere reflexões que talvez você queira incluir em sua própria oração, seguida por **Um Brilhante**, ou seja, uma sugestão de um versículo para memorizar naquela semana.

SUGESTÕES PRÁTICAS

Há várias maneiras de usar esse livro.

1) Procure compartilhar o que for aprendido com sua família, seus amigos e colegas. Seja transparente no compartilhar, especialmente no contexto familiar.
2) Copie os versículos para memorizar e consulte-os durante o dia. (Veja também o resumo desses textos no final do livro.)
3) Use o livro como base de uma devocional familiar ou culto doméstico.
4) Use o livro como base de uma série de aulas na Escola Dominical ou reuniões de juniores ou adolescentes.
5) Aproveite as histórias e os textos para montar um retiro especial de juniores que segue o tema de piratas e tesouros e com estudos práticos baseados em Provérbios.
6) Utilize os devocionais em outros contextos: para iniciar uma reunião; nas aulas de religião na escola; em grupos de homeschool; ou como currículo de discipulado.

UMA PALAVRA ESPECIAL

Agradeço à minha família e especialmente à minha esposa Carol Sue pela paciência e pelas sugestões práticas que sempre oferece no preparo de mensagens, artigos e livros. Aos meus alunos do Seminário Bíblico Palavra da Vida, da matéria de "Provérbios", um grande "obrigado" por terem fornecido o laboratório crítico, mas simpático, onde muitos destes devocionais apareceram pela primeira vez. Finalmente, às centenas de famílias que têm usado este livro como parte da educação dos seus filhos "no caminho em que devem andar" (Provérbios 22:6).

Que Deus use estas seleções para nos orientar em direção ao maior tesouro conhecido pelo homem: a Palavra de Deus encarnada no Verbo de Deus, Jesus Cristo!

CAPÍTULO UM

COME ÇAN DO BEM

O PONTO DE PARTIDA

I. A VERDADEIRA SABEDORIA

O temor do Senhor dá partida à vida.
A sabedoria é garantida!

Viviane estava confusa. Seu professor de biologia havia ridicularizado todos os "crentes" que ainda acreditavam em um Deus Criador do universo.

– Então, alunos – ele havia dito, concluindo a aula. – Embora saibamos muito sobre o universo, ainda não descobrimos um propósito para a raça humana. Não podemos esperar que alguma divindade nos salve. Temos de nos salvar a nós mesmos!

Naquela noite Viviane não conseguiu dormir, e então decidiu orar.

– Pai, por favor mostra-me se o Senhor é real. Não aguento estas dúvidas. Sinto que tudo que tem mudado em minha vida é graças a ti e não a uma força impessoal. Ajuda-me a confiar em ti e em tua Palavra. Amém.

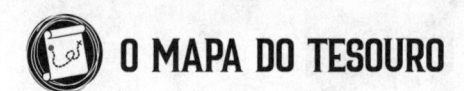 ## O MAPA DO TESOURO

O temor do Senhor é o princípio da sabedoria,
e o conhecimento do Santo é prudência. (Provérbios 9:10)

O temor do Senhor é o princípio do saber,
mas os loucos desprezam a sabedoria e o ensino. (Provérbios 1:7)

Uma vida bem-sucedida, conforme Provérbios, não vem somente de uma lista de princípios e conselhos práticos. O ponto de partida é um relacionamento com o Criador, que nos deu esses princípios. Sem este "temor do Senhor", a vida fica sem significado, e o livro de Provérbios não passa de mais uma lista de regras para a "sobrevivência da espécie".

 ## CAVANDO FUNDO

1) O que você recomendaria que Viviane fizesse agora? Você já enfrentou uma situação semelhante? Como reagiu?

2) Leia Salmos 14:1. Por que o ateu é insensato?

3) Leia Hebreus 11:6. Você crê que Deus existe e que é o recompensador dos que o buscam? Você busca a Deus? Ou você vive como se Deus não existisse?

ABRINDO O BAÚ

Como está o seu relacionamento com Deus? Você já aceitou o perdão pelos seus pecados, colocando sua fé na obra que Jesus Cristo realizou na cruz por você? Se você nunca fez isso, este é o primeiro passo para uma vida sábia. Se já tomou essa decisão, que tal viver hoje na presença daquele que quer ser seu companheiro constante?

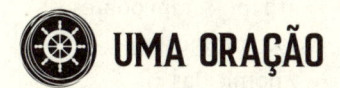

UMA ORAÇÃO

Ajuda-me, Senhor, a sempre viver na tua presença. Mostra-me o caminho em que tu queres que eu ande e dá-me convicção da minha fé em ti. Amém.

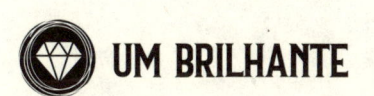

UM BRILHANTE

O temor do Senhor é o princípio do saber,
  Mas os loucos desprezam a sabedoria e o ensino. (Provérbios 1:7)

2. BENEFÍCIOS PARA A FAMÍLIA

O temor do Senhor dá proteção
aos filhos de outra geração!

O grande pregador do século 18, Jonathan Edwards, ainda é lembrado como um homem que temia a Deus. Certa vez alguém traçou a descendência do pastor Edwards e a descendência de um ateu que viveu na mesma época (1703-1758) nas colônias da América do Norte. O resultado foi surpreendente.

Jonathan Edwards – pastor e teólogo	Max Jukes – ateu
‣ 13 professores universitários	‣ 310 morreram pobres
‣ 3 senadores	‣ 150 criminosos
‣ 30 juízes	‣ 7 homicidas
‣ 100 advogados	‣ 100 alcoólatras
‣ 75 oficiais militares	‣ Mais da metade
‣ 100 pregadores ou missionários	das mulheres eram
‣ 60 autores conhecidos	prostitutas
‣ 1 vice-presidente do país	
‣ 80 oficiais públicos	
‣ 295 formados por faculdades	
‣ Alguns governadores de Estado	
‣ 1394 não custaram nada ao Estado	‣ 540 custaram ao Estado U$ 1.250.000 dólares

 ## O MAPA DO TESOURO

De acordo com Provérbios, o homem (ou mulher) que teme a Deus estabelece uma herança preciosa para sua família.

> No temor do Senhor, tem o homem forte amparo,
>   e isso é refúgio para os seus filhos [...].
> O homem de bem deixa herança aos filhos de seus filhos,
>   mas a riqueza do pecador é depositada para o justo. (Provérbios 14:26; 13:22)

 ## CAVANDO FUNDO

1) Pesquise na sua "árvore genealógica". Seus pais conhecem ao Senhor? Seus avós? Tente descobrir algo sobre o testemunho de alguns de seus familiares.
2) Quais são seus sonhos para sua descendência? Como a sua família pode tomar passos concretos para evitar uma tragédia como a que aconteceu à família de Max Jukes?
3) Leia 1Timóteo 3:4,5,12,13. Por que é importante os líderes espirituais terem filhos crentes? O que o texto diz sobre o lar do líder cristão?

 ## ABRINDO O BAÚ

Que tal orar hoje pela sua família, tanto por seus parentes atuais quanto pela sua descendência futura, para que todos possam conhecer a Deus? E mais, se sua família não realiza o "culto doméstico", por que não compartilhar as seleções deste guia devocional com eles?

 ## UMA ORAÇÃO

Senhor, ajuda-me a construir muros de proteção para nossa família enquanto procuro viver cada instante na tua presença. Não permitas que qualquer dos nossos parentes se afaste de ti! Ajuda-me a ser fiel e temente a ti. Amém.

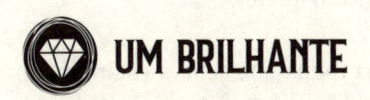 ## UM BRILHANTE

O temor do Senhor é o princípio do saber,
mas os loucos desprezam a sabedoria e o ensino. (Provérbios 1:7)

3. ODIANDO O MAL

Quem teme a Deus anda na luz,
odeia as manchas que o pecado produz.

Cecília estava desanimada. Aceitara Jesus como Salvador havia seis meses. No início, tudo foi "às mil maravilhas". A vida tornou-se uma nova aventura. Pela primeira vez ela se sentia nova, limpa, diferente.

Mas com o passar do tempo, isso mudou. Quanto mais lia a Bíblia e frequentava a igreja, tanto mais via as manchas de seu pecado. Parecia que tudo em sua vida estava errado – seus amigos, hábitos, pensamentos e ideais.

Por causa disso, ela foi conversar com a esposa do pastor.

– Dona Enira, não entendo. Parece que quanto mais eu conheço a Deus, mais eu vejo o meu pecado. Pensei que Jesus havia me libertado de tudo isso. Por que eu me sinto assim?

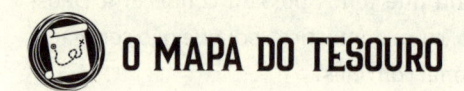 **O MAPA DO TESOURO**

Você odeia o pecado? Está cada vez mais ciente da sujeira em sua vida? Conforme Provérbios, este é um dos sinais do temor do Senhor.

> *O temor do Senhor consiste em aborrecer o mal;*
> *a soberba, a arrogância, o mau caminho e a boca perversa, eu os aborreço.*
>
> (Provérbios 8:13)

> *Pela misericórdia e pela verdade se expia a culpa;*
> *e pelo temor do Senhor os homens evitam o mal.* (Provérbios 16:6).

Você já teve a experiência de vestir uma roupa que achava estar limpa, mas com a luz do sol descobriu que tinha manchas? Essa é a experiência de quem anda no temor do Senhor, na luz de Deus. Quanto mais perto da luz fica, mais manchas percebe em sua vida. Mas esse fato não deve ser motivo de desânimo – muito pelo contrário! Isso leva a uma apreciação cada vez maior da graça de Deus que nos acolheu, mesmo vendo pecados que nem imaginávamos existir em nossas vidas. Esse ódio crescente pelo pecado caracteriza quem realmente teme ao Senhor.

CAVANDO FUNDO

1) Leia 1João 1:5-10. Quais são as características de quem anda na luz?
2) Leia a história de José e a esposa de Potifar (veja Gênesis 39). De que maneira o temor do Senhor pode manifestar-se numa vida de pureza sexual? (veja Provérbios 5:8,21)
3) Leia o testemunho do Apóstolo Paulo sobre sua vida nos três textos a seguir, listados em ordem cronológica. Note que, quanto mais Paulo andava com Cristo, mais pecador ele se sentia:

- 1Coríntios 15:9 (c. 56 a.D.) – o menor dos apóstolos;
- Efésios 3:8 (c. 61 a.D.) – o menor de todos os santos;
- 1Timóteo 1:15 (c. 63 a.D.) – o principal dos pecadores.

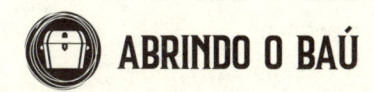
ABRINDO O BAÚ

Faça uma avaliação do seu "ódio ao mal". Um bom índice disso são seus hábitos na área de diversão. Por exemplo, você tem controle sobre a música que ouve? Os programas de televisão que assiste? Que tal, hoje, exercer mais discernimento nesses "campos de batalha"?

UMA ORAÇÃO

Senhor, te louvo porque o sangue de Jesus me purifica de todo pecado, até mesmo o pecado que ainda não reconheço em mim mesmo. Ajuda-me, Senhor, a andar na luz da tua presença e a odiar cada vez mais as manchas do pecado que descubro. Amém.

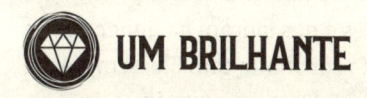
UM BRILHANTE

O temor do Senhor é o princípio do saber,
mas os loucos desprezam a sabedoria e o ensino. (Provérbios 1:7)

4. HUMILDADE

O temor do Senhor e a humildade
levam ao descanso e à tranquilidade.

Suécia [...] Rússia [...] Inglaterra [...] Romênia [...] Estados Unidos [...] Brasil. Assim foi o percurso do hino tão conhecido por muitos, "Grandioso és tu" começou como um poema escrito pelo pregador sueco Carl Boberg em 1886. Foi traduzido por Prokhanow para a língua russa. Quarenta anos depois, o missionário inglês Stuart Hine ouviu o hino na Rússia pela primeira vez. Alguns anos mais tarde, durante uma forte tempestade, ele formulou versos em inglês para o hino majestoso, que depois foram traduzidos para o português. "Grandioso és tu" é o hino predileto de muitos crentes pela maneira majestosa que exalta a grandeza do nosso Deus, um Deus que, mesmo na sua infinitude, preocupa-se com homens tão pequenos.

 ## O MAPA DO TESOURO

O livro de Provérbios nos ensina que a humildade e a adoração estão ligadas ao temor do Senhor. É impossível ser orgulhoso e ao mesmo tempo temente a Deus. Quanto menor nos tornamos aos nossos olhos, maior torna-se o nosso Deus.

> *Não sejas sábio aos teus próprios olhos;*
> *teme ao Senhor, e aparta-te do mal;*
> *será isto saúde para o teu corpo*
> *e refrigério, para os teus ossos.* (Provérbios 3:7,8)

As implicações práticas desses versículos são muitas. O temor do Senhor e a humildade levam à desconfiança de nós mesmos, dos nossos pensamentos e esquemas, das nossas ideias e decisões e nos lançam na dependência total de Deus. Assim vivemos em comunhão constante com Ele, sempre em todas as circunstâncias perguntando: "O quê Deus quer nesta situação?".

Essa humildade e esse temor ao Senhor no Antigo Testamento manifestaram-se na vida de homens iguais a Enoque e Noé que andavam com Deus (Gênesis 5:24; 6:9), homens que viviam constantemente cientes da presença dele em suas vidas. No Novo Testamento, a ideia é expressa assim: *Permanecer em Cristo* (João 15:4-7); *Andar em Cristo* (Colossenses 2:6); *Orai sem cessar* (1Tessalonicenses 5:17); e *Convém que ele cresça e que eu diminua* (João 3:30)!

 CAVANDO FUNDO

1) Leia Salmo 8. Qual o elo entre a humildade e o temor do Senhor?
2) Leia Jó 37:22-24. Um dos medidores do "tamanho" do seu Deus é a grandeza dos seus pensamentos sobre Ele e a pequenez do seu conceito de si mesmo. Será que seu Deus é pequeno demais?
3) Leia Romanos 11:33-36 em voz alta como expressão de louvor a Deus.

 ABRINDO O BAÚ

Atualmente, quando você se sentir preso no corre-corre da vida moderna, procure parar um instante para louvar a Deus pela Sua grandeza e soberania sobre todos os detalhes da vida. Ele tem tudo sob controle!

 UMA ORAÇÃO

Perdoa-me, ó Deus, pelas vezes que tenho criado o Senhor à minha própria imagem. Ensina-me a não confiar em mim mesmo, tão pequeno que sou, mas sim em ti, grande Rei do universo. Ajuda-me a viver momento após momento em comunhão constante contigo. Amém.

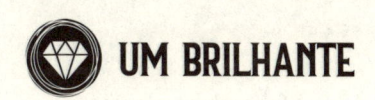 UM BRILHANTE

O temor do Senhor é o princípio do saber,
mas os loucos desprezam a sabedoria e o ensino. (Provérbios 1:7)

O MAPA DO TESOURO

I. A DIREÇÃO DE DEUS

Havia um homem, cego e teimoso;
todos percebiam que ele era mentiroso,
recusando toda ajuda, declarou com ironia:
"Não preciso de ninguém, eu serei meu próprio guia!".
Sem bengala, sem cachorro, sem pedir a mão,
ele mesmo se enganou, com sua própria solidão.
Todos ao redor tinham pena de sua vida.
Pessoa arrogante, que vivia atrevida.

Havia outro homem, cego e teimoso;
o Pai percebeu como era mentiroso.
Recusando sua ajuda, declarou com ironia:
"Não preciso de Ninguém, eu serei meu próprio guia!".
Sem o Espírito Santo, sem Palavra ou oração,
ele mesmo se enganou, caminhando à perdição.
O Pai no céu viu, tinha pena de sua vida.
Pessoa arrogante, que morreu atrevida.

O MAPA DO TESOURO

Entre os versículos mais bem conhecidos de Provérbios fica este desafio à dependência total de Deus.

Confia no Senhor de todo o teu coração
e não te estribes no teu próprio entendimento.
Reconhece-o em todos os teus caminhos,
e ele endireitará as tuas veredas. (Provérbios 3:5,6)

Somente quando nos vemos como cegos, fracos, filhos dependentes, é que nos voltamos a Deus para que Ele ilumine o nosso caminho. Ele segura em suas mãos o mapa do universo. Depender totalmente dele requer uma desconfiança do nosso próprio senso de direção. "Reconhecê-lo" literalmente significa "conhecê-lo" em tudo que fazemos. Sem Ele, nada posso fazer (João 15:5b), mas tudo posso naquele que me fortalece! (Filipenses 4:13)

 CAVANDO FUNDO

1) Quais são algumas das maneiras que Deus nos ensina a confiar mais nele e menos em nós mesmos?
2) Leia João 15:5-8 e 16:12-15. Quais são algumas das maneiras pelas quais Deus nos guia?

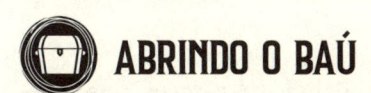 ABRINDO O BAÚ

Quais são as decisões que você está enfrentando agora que precisam da orientação de Deus? Você está disposto a depender dele HOJE para ter a resposta correta?

 UMA ORAÇÃO

Senhor, parece que precisamos aprender a depender de ti dia após dia. Perdoa-me por tentar viver a minha vida sem ti. Obrigado porque ainda tu me amas e me guias pelo caminho. Amém.

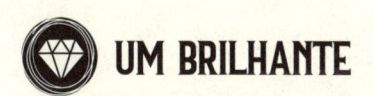 UM BRILHANTE

*Confia no Senhor de todo o teu coração
e não te estribes no teu próprio entendimento.* (Provérbios 3:5)

2. UMA VIDA BEM-SUCEDIDA

A vontade de Deus se conhece
quando à Palavra de Deus se obedece.

O *Guinness World Records* (o livro dos recoredes mundiais) tem sido usado durante décadas para resolver disputas sobre fatos e curiosidades. Por exemplo:

- A mulher com mais filhos gerou 69 crianças (16 gêmeos, sete trigêmeos e quatro quadrigêmeos);
- A pessoa mais velha (fora da Bíblia) viveu 120 anos e 237 dias (ele "se aposentou" com 105 anos!);
- Ghandanta Vicitsar recitou 16 mil páginas de texto sagrado budista em maio de 1974.

Curiosidades nos fascinam. Mas também podem nos afogar no mar de detalhes. As informações na internet nos apresentam um mundo de fatos, mas não têm poder para nos dar "a vida boa". Somente a sabedoria divina, definida como a "perspectiva eterna de Deus", é capaz de aplicar conhecimento de forma prática às nossas vidas. Somente a sabedoria de Deus contida em sua Palavra torna plano nosso caminho dentro da vontade dele. Somente ela dá significado para nossa vida.

O MAPA DO TESOURO

Provérbios exalta os muitos benefícios que a sabedoria oferece. Uma vida plena, significativa e realizada, é a primeira da lista.

> *Porquanto a sabedoria entrará no teu coração,*
> *e o conhecimento será agradável à tua alma.*
> *O bom siso te guardará,*
> *e a inteligência te conservará.* (Provérbios 2:10, 11)

> *Assim, andarás pelo caminho dos homens de bem*
> *e guardarás as veredas dos justos.* (Provérbios 2:20)

Filho meu, não se apartem estas cousas dos teus olhos;
  guarda a verdadeira sabedoria e o bom siso;
porque serão vida para a tua alma
  e adorno ao teu pescoço. (Provérbios 3:21,22)

CAVANDO FUNDO

1) Qual a diferença entre sabedoria e conhecimento? Por que o conhecimento em si não é capaz de dar significado à vida?
2) O Salmos 90:12 diz: "Ensina-nos a contar os nossos dias, para que alcancemos coração sábio". De que maneira uma compreensão correta da brevidade da vida pode levar a uma vida sábia?
3) 1Coríntios 8:1 diz que o *saber ensoberbece, mas o amor edifica.* Quais são os outros perigos do conhecimento quando é procurado como um fim em si?

ABRINDO O BAÚ

Procure distinguir hoje entre pessoas que têm conhecimento simplesmente intelectual e pessoas que sabem viver bem. Qual a diferença?

UMA ORAÇÃO

Perdoa-nos, Senhor, por termos valorizado a informação acima da sabedoria. Dá-nos fome para conhecer o significado de nossa vida, enquanto adquirimos sua perspectiva sobre o que realmente vale a pena à luz da eternidade. Amém.

UM BRILHANTE

Confia no Senhor de todo o teu coração
  e não te estribes no teu próprio entendimento. (Provérbios 3:5)

3. FAVOR DE DEUS E DOS HOMENS

Nestes dias, parece legal
fazer gozação dos outros, ser desleal,
rir do cara que "dez" tirou, zombar
de quem fez certo e não se reprovou.

Ficar sozinho, tomar cuidado,
às vezes parece ultrapassado.
Mas Deus e homens vão louvar
o caráter que o fogo vai refinar.
O caminho do bem leva à fama;
a trilha do tolo termina em chama.

O MAPA DO TESOURO

Enquanto alguns procuram obter fama tentando agradar as multidões, somente a sabedoria oferece a chave do sucesso verdadeiro. Se nos rendermos à pressão de sermos iguais aos outros, é isso mesmo que nos tornaremos – iguais aos outros! O segredo de ganhar favor e honra de Deus e dos homens está em ser diferente, viver dentro dos padrões da sabedoria.

> Filho meu, não te esqueças dos meus ensinos,
>   e o teu coração guarde os meus mandamentos [...]
> Não te desamparem a benignidade e a fidelidade;
>   ata-as ao teu pescoço; escreve-as na tábua do teu coração
>   e acharás graça e boa compreensão diante de Deus e dos homens.
> Os sábios herdarão honra,
>   mas os loucos tomam sobre si a ignomínia. (Provérbios 3:1,3,4,35)

Ousadia para ser diferente por amor ao bem, talvez custe algo no início, mas no final leva ao maior galardão de todos, a declaração do Senhor: "Muito bem, servo bom e fiel".

CAVANDO FUNDO

1) Por que uma pessoa que leva uma vida biblicamente sábia (pura) muitas vezes experimenta não somente o favor divino, mas o favor humano também?
2) Lucas 2:52 diz que Jesus "crescia em sabedoria, estatura e graça, diante de Deus e dos homens". Explique este versículo à luz do ensino de Provérbios sobre os benefícios da sabedoria.

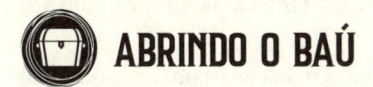

ABRINDO O BAÚ

Será que a pessoa sábia será sempre admirada e respeitada? Qual o equilíbrio bíblico? Há ocasiões em que o justo sofre perseguição (veja 2 Timóteo 3,12)? Fique de olhos abertos hoje para ver como os outros tratam pessoas sábias.

UMA ORAÇÃO

Pai, ensina-me a resistir às ondas de pressão para fazer o mal. Dá-me coragem para eu não ser igual a todos os outros e para ficar sozinho, caso necessário, olhando somente para ti quanto à minha aprovação. Amém.

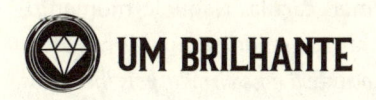

UM BRILHANTE

Confia no Senhor de todo o teu coração
e não te estribes no teu próprio entendimento. (Provérbios 3:5)

4. UMA CONSCIÊNCIA TRANQUILA

Doce é o sono para quem anda com o Senhor;
mas pecado escondido é um fantasma de terror.

Pense por um instante sobre a culpa que perseguia os irmãos de José, depois de ter sido vendido por eles como escravo (veja Gênesis 37).

Durante anos sua presença invisível havia assombrado suas vidas. A memória dele pairava sobre seu lugar vazio em cada refeição. Seus gritos desesperados quando deixado no fundo da cisterna varavam suas noites, e sua voz ecoava em seus pesadelos.

Quando ele os deixaria em paz? Quando suas mãos ficariam livres daquele sangue, daquele sangue horrível? Se apenas pudessem contar para seu pai o que realmente acontecera naquele dia! Mas não podiam. Suas mentiras cavaram um buraco que seria seu sepulcro. Ó José, José, quando nos deixará em paz?

 ## O MAPA DO TESOURO

A história da venda de José para ser escravo revela os fatos nus e crus de uma consciência culpada. Quando seus irmãos apareceram perante José no Egito anos depois, precisavam de sua permissão para comprar mantimentos. José exigiu que deixassem um irmão, Simeão, no Egito, como garantia de que voltariam com Benjamim, seu irmão caçula. Naquele momento, 17 anos depois da traição, os irmãos revelaram o estado de suas almas atormentadas. *Na verdade, somos culpados, no tocante a nosso irmão, pois lhe vimos a angústia da alma, quando nos rogava, e não lhe acudimos; por isso, nos vem esta ansiedade* (Gênesis 42:21). Imagine! Depois de tantos anos, ainda estavam sentindo culpa por terem traído o irmão! Nunca imaginavam que aquele ato covarde e cruel os levaria a anos de noites sem sono, medo e tragédia – tudo porque saíram do caminho da sabedoria.

Filho meu, não se apartem estas cousas dos teus olhos;
guarda a verdadeira sabedoria e o bom siso [...].
Então, andarás seguro no teu caminho,
e não tropeçará o teu pé.

Quando te deitares, não temerás;
  deitar-te-ás, e o teu sono será suave.
Não temas o pavor repentino,
  nem a arremetida dos perversos, quando vier.
Porque o Senhor será a tua segurança
  e guardará os teus pés de serem presos. (Provérbios 3:21,23-26)

 ## CAVANDO FUNDO

1) O que significa o ditado "Uma consciência limpa, faz o melhor travesseiro"? Na história de José, quem você acha que dormiu melhor durante os 17 anos que José estava no Egito – José ou seus irmãos?
2) *Fogem os perversos, sem que ninguém os persiga* (Provérbios 28:1). Você já foi perseguido por uma consciência pesada? Qual o melhor (e único) remédio?
3) Leia Marcos 6:14-29. Como Herodes foi perseguido depois de assassinar João Batista? De que maneira a cruz de Cristo nos leva ao caminho de sabedoria, paz e segurança?

 ## ABRINDO O BAÚ

Ao fazer essa devocional, você se lembrou de algum pecado ainda não confessado? Que tal pedir a Deus a coragem de acertar, ainda hoje, sua situação?

 ## UMA ORAÇÃO

Descanso em ti, Senhor Jesus, e na tua obra na cruz como fonte da minha paz. Ajuda-me a viver em paz com todos enquanto sigo o caminho da sabedoria. Que meu sono seja doce enquanto limpo minha consciência de pecados conhecidos. Amém.

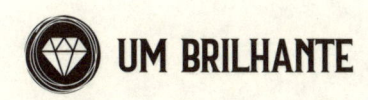 ## UM BRILHANTE

Confia no Senhor de todo o teu coração
  e não te estribes no teu próprio entendimento. (Provérbios 3:5)

TESOUROS ESCONDIDOS

I. LIBERDADE PARA VIVER

Liberdade para rir e amar
é privilégio que Deus pode dar.

Kátia, caloura na universidade, finalmente podia fazer tudo o que quisesse: ficar acordada até tarde, ir às festas, escolher suas próprias amigas, sair com quem bem entendesse. Imagine. Ninguém questionando cada um dos seus passos ou insistindo que usasse uma roupa mais "decente". Finalmente estava livre! Ou, pelo menos, assim pensava.

Normalmente era uma aluna "nota 8", porém suas notas caíam enquanto sua vida noturna voava. Desesperada para ficar acordada em suas aulas, ganhou uma pílula de uma amiga para que ficasse mais viva durante o dia. Ela descobrira a fonte da juventude! Uma aula de inglês nunca foi tão emocionante! Pena que aquelas pílulas eram tão caras, mas ela sempre podia usar o cartão de crédito de seus pais, se precisasse. "Pegue agora, pague depois" parecia ser um ótimo lema.

Infelizmente, Kátia pagou antes do que esperava. Precisando daquele empurrãozinho das pílulas, engoliu um bocado no quarto de uma colega antes de uma festa. Sua cabeça pulsava com a sensação de que era invencível. Dançava, bebia, cantava, até que de repente ficou tonta, as muitas vozes ao seu redor pareciam uma só, e tudo foi engolido pela escuridão. Alguém gritou, a sala se esvaziou, a ambulância chegou, mas já era tarde demais. Para Kátia, a liberdade tão esperada culminou-se na prisão da sua morte.

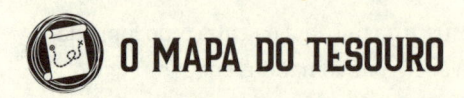 O MAPA DO TESOURO

A liberdade para viver uma vida longa e boa é um dos benefícios de quem encontra a sabedoria.

> *Feliz o homem que acha sabedoria,*
> *e o homem que adquire conhecimento [...]*
> *Na mão direita a sabedoria lhe garante vida longa; na mão esquerda,*
> *riquezas e honra. (v. 16 NVI)*

É árvore de vida para os que a alcançam,
   e felizes são todos os que a retêm. (Provérbios 3:13,16,18)

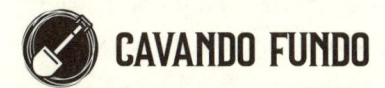

CAVANDO FUNDO

1) Kátia era realmente livre? Por que tantos consideram liberdade como uma licença para pecar e não como a capacidade de fazer o certo? Como o pecado escraviza?
2) Leia Romanos 6:15-23. Segundo Paulo, liberdade do pecado e escravidão a Deus conduzem à vida eterna. Quais são outros dos seus benefícios?

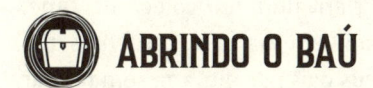

ABRINDO O BAÚ

Pense hoje nesta declaração: "Liberdade é a habilidade de conduzir sua conduta conforme o padrão moral de Deus". Analise situações durante o dia em que você experimenta a liberdade "do" pecado, e não a liberdade "para" pecar.

UMA ORAÇÃO

Senhor, liberta-nos da ideia de que liberdade significa que podemos pecar à vontade. Ensina-nos a alegria de viver pela graça, para que Cristo tenha liberdade para viver sua vida através de nós. Amém.

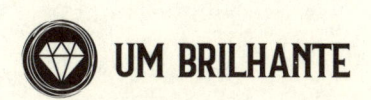

UM BRILHANTE

Feliz o homem que acha sabedoria, e o homem
   que adquire conhecimento [...].
O alongar-se da vida está na sua mão direita,
   na sua esquerda riquezas e honra. (Provérbios 3:13,16)

2. A TRILHA DA SABEDORIA

*Aquele que anda pelo caminho estreito
acha um caminho bom e direito.*

Durante as férias, os pais de Tiago decidiram que seria melhor matriculá-lo no colégio batista da cidade. Seria difícil para ele mudar de escola e fazer novas amizades, mas Tiago ficou animado com a possibilidade de estudar em um ambiente cristão, com a influência positiva de professores e colegas evangélicos. Também imaginava que teria boa chance de entrar no time de futebol de salão do colégio.

Depois de algumas semanas de aula, Derivaldo, um colega do time, convidou Tiago para passar o fim de semana em sua casa. Contentes que seu filho já conseguira um novo amigo, seus pais permitiram, sem pensar duas vezes.

Sábado à noite os rapazes decidiram assistir um filme enquanto a família do Derivaldo estava no Shopping Center. Derivaldo surfava pelos canais, quando de repente parou em um programa que chamou a atenção de ambos. Tiago ficou vermelho, mas Derivaldo sentou-se na poltrona, olhos fixos na tela. — DD-D-D-Deri-valdo — Tiago gaguejou. — Não acho muito legal a gente assistir a este programa..."

– Por quê não? Assisto sempre! – respondeu seu amigo.

– Você assiste a este tipo de programa sempre? Mas não acha errado?

– Calma, meu. Ninguém vai saber. Meus pais só voltam daqui a duas horas. E toda a galera do colégio assiste. Você pensou que ia estudar em um mosteiro?

 O MAPA DO TESOURO

Provérbios nos adverte a não sairmos da "Rodovia da Sabedoria", seduzidos pela propaganda de perversidade na Avenida da Sujeira.

> *O bom siso te guardará,*
> *e a inteligência te conservará;*
> *para te livrar do caminho do mal*
> *e do homem que diz cousas perversas;*

dos que deixam as veredas da retidão,
para andarem pelos caminhos das trevas;
que se alegram de fazer o mal,
folgam com as perversidades dos maus,
seguem veredas tortuosas
e se desviam nos seus caminhos. (Provérbios 2:11-15)

CAVANDO FUNDO

1) Se você fosse Tiago, o que faria? O crente pode baixar suas defesas se ele deseja seguir a sabedoria?
2) Leia Atos 1:15-20. O que levou Judas a deixar as veredas da retidão para trilhar pelos caminhos das trevas? Qual foi o resultado?

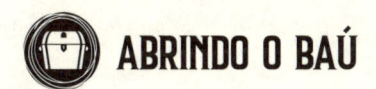

ABRINDO O BAÚ

Esteja atento hoje para as influências em sua vida que procuram conduzi-lo aos caminhos errados (propagandas, amigos, colegas etc.). Avalie sua atitude perante essas pressões ao seu redor. Você está disposto a seguir Jesus, resistindo à tentação?

UMA ORAÇÃO

Senhor, dá-me coragem para enfrentar a pressão de deixar o caminho da sabedoria. Ajuda-me a perceber quando outros tentam me levar para os atalhos do mal. Amém.

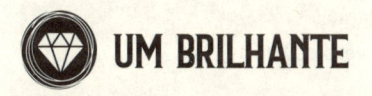

UM BRILHANTE

Feliz o homem que acha sabedoria, e o homem
que adquire conhecimento [...]
O alongar-se da vida está na sua mão direita,
na sua esquerda riquezas e honra. (Provérbios 3:13,16)

3. SALVAÇÃO DOS PERIGOS DA SENSUALIDADE

A mulher sensual joga o charme
que o tolo engole, sem qualquer alarme;
se somente tivesse tomado cuidado,
não teria sido tão humilhado.
Mas este cara sem vergonha
com os beijos dela sempre sonha.
Somente quando ele sente a dor
do seu anzol, do falso amor
é que descobre que a sua "modelo",
lhe trouxe de fato um pesadelo.

 ## O MAPA DO TESOURO

A Palavra de Deus não somente nos protege de homens perversos, mas da sensualidade também. Um dos benefícios de prestar atenção à sabedoria é que percebemos o perigo da imoralidade quando esta se aproxima com toda sua sutileza. A Escola da Sabedoria oferece matérias de discernimento e autodisciplina para salvar-nos da sensualidade.

> *... para te livrar da mulher adúltera,*
> *da estrangeira, que lisonjeia com palavras,*
> *a qual deixa o amigo da sua mocidade*
> *e se esquece da aliança do seu Deus;*
> *porque a sua casa se inclina para a morte;*
> *e as suas veredas, para o reino das sombras da morte;*
> *todos os que se dirigem a essa mulher não voltarão*
> *e não atinarão com as veredas da vida.* (Provérbios 2:16-19)

 ## CAVANDO FUNDO

1) Como a Escola da Sabedoria nos ensina a evitar a sensualidade? O que precisamos saber? O que não precisamos saber?
2) Leia Mateus 5:27-30. O que Jesus disse sobre imoralidade? Com que seriedade Ele a tratou?

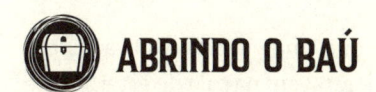 ABRINDO O BAÚ

Reflita hoje sobre algum amigo, parente ou conhecido que ignorou os apelos da sabedoria e caiu na imoralidade. Quais foram os passos que contribuíram para a queda deles? Quais foram as consequências? Avalie se você tem seguido por alguns desses mesmos caminhos.

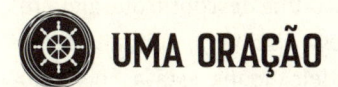 UMA ORAÇÃO

Senhor, que eu nunca "tranque matrícula" na Escola da Sabedoria. Ensina-me a pureza e a santidade da tua Palavra, para nunca destruir a mim mesmo nem a outros ao meu redor. Dá-me discernimento e disciplina para evitar a sensualidade em todas as suas formas. Amém.

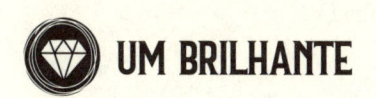 UM BRILHANTE

Feliz o homem que acha sabedoria, e o homem
que adquire conhecimento [...].
O alongar-se da vida está na sua mão direita,
na sua esquerda riquezas e honra. (Provérbios 3:13,16)

4. CONSELHOS QUE PROTEGEM

A todos que se curvam à santa razão,
Deus é Refúgio e dá proteção.

Algo estava errado. Andrea não sabia o quê, mas a casa estava quieta demais. Pedindo licença às suas amigas que estavam na sala de estar, foi até o quarto dos fundos procurando sua filha Joana, que tinha um ano e meio. Era a alegria de sua vida, a princesinha dos seus sonhos, mas também era uma criança que não parava um só instante. Não dava para imaginar o que aquela menina sapeca seria capaz de fazer.

"Não está no banheiro [...] não se escondeu no armário [...] talvez debaixo da cama? [...] Ó meu Deus, não!" Com horror, Andrea descobriu que alguém havia deixado aberta a porta que levava à nova piscina no quintal. Correu para fora, só para confirmar seu pior pesadelo. Joana estava no fundo da piscina.

Em um instante, Andréa estava na água, retirando o corpo mole da sua preciosa filha e passando-a para suas amigas, que haviam chegado à beira da piscina. "Alguém chame a ambulância!" Muita atividade [...] alguém começou a ressuscitação cardiopulmonar [...] choro. "Ó Deus, não permita que minha filha morra!" De repente, uma tosse, muita água saindo pela boca. "Ela está viva! Obrigada, Senhor, obrigada!"

 ## O MAPA DO TESOURO

Você já sentiu a proteção divina em sua vida? Já percebeu que fora salvo de um perigo somente depois de haver passado por ele? A proteção de Deus é mais um benefício da sabedoria.

> *Porque o Senhor dá a sabedoria,*
> *e da sua boca vem a inteligência e o entendimento.*
> *Ele reserva a verdadeira sabedoria para os retos;*
> *é escudo para os que caminham na sinceridade,*
> *guarda as veredas do juízo*
> *e conserva o caminho dos seus santos.* (Provérbios 2:6-8)

Um entendimento desses e outros versículos bíblicos nos leva a concluir que:

- Uma vida de sabedoria e santidade nos livra de muitos perigos.
- Deus protege seus filhos de ameaças conhecidas e desconhecidas; Ele sempre zela pelo nosso bem, mesmo que isso, às vezes, implique passarmos por sofrimento.

CAVANDO FUNDO

1) Leia o Salmo 91. Que tipo de proteção Deus oferece aos seus filhos?
2) Conforme o livro de Jó, coisas ruins às vezes acontecem com gente boa. À luz de Provérbios, isso faz sentido? Como explicar o sofrimento na vida do cristão? Deus protegeu Jó?
3) Leia Tiago 1:2-5. Quais os benefícios das provações na vida do crente?

ABRINDO O BAÚ

Louve a Deus pela sua proteção. Imagine como sua vida seria diferente se você ignorasse os conselhos de sabedoria e vivesse do seu próprio jeito.

UMA ORAÇÃO

Senhor, obrigado pela promessa de teus braços fortes me protegendo do mal. Obrigado pela sabedoria que me desvia de situações perigosas. Ensina-me a confiar em ti, mesmo em meio à tribulação. Amém.

UM BRILHANTE

Feliz o homem que acha sabedoria, e o homem
que adquire conhecimento [...].
O alongar-se da vida está na sua mão direita,
na sua esquerda riquezas e honra. (Provérbios 3:13,16)

DE PAI PARA FILHO

I. UM CORAÇÃO DISPOSTO A APRENDER

O filho que ouve o conselho do pai
jamais no caminho perverso cai.

O Sr. Josias realmente tinha jeito para mecânica. Infelizmente, Davi, seu filho mais velho, não adquirira a mesma paixão, embora pensasse que sabia o suficiente. Cada vez que o pai tentava lhe explicar o funcionamento de uma máquina, Davi arranjava uma desculpa para sair, ou a demonstração terminava em discussão.

Quando tinha 18 anos de idade, Davi voltava da praia depois de um programa da mocidade, dirigindo o carro velho da família. De repente percebeu uma luz vermelha acesa no painel. Pensou que logo chegaria em casa e que seu pai poderia resolver como sempre. Mas 15 minutos depois, o carro parou na frente de uma comunidade perigosa com o motor fundido. E Davi descobriu com tristeza que o motor de automóvel funciona à base de gasolina e óleo!

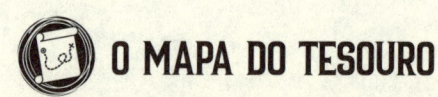 ## O MAPA DO TESOURO

Você conhece um sabe-tudo? Já tentou ensinar-lhe alguma coisa? É quase impossível, não é? O sabe-tudo pensa ser o dono de toda a sabedoria. O livro de Provérbios fala muito sobre a atitude do filho em relação ao ensino de seus pais.

> *Filho meu, ouve o ensino de teu pai*
> *e não deixes a instrução de tua mãe.* (Provérbios 1:8)

Provérbios foi escrito como um manual de treinamento familiar. Durante séculos, pais cristãos têm usado seu conselho prático para preparar seus filhos para o mundo lá fora. Mas o livro primeiro estabelece um pré-requisito essencial. Os filhos têm de dar ouvidos ao conselho dos seus pais! Mais de vinte vezes o pai em Provérbios clama "Filho meu" para ganhar os ouvidos de seu filho. O filho que acha que sabe tudo e que seus pais são ultrapassados perde a chance de aproveitar os veios preciosos de sabedoria que se encontram nesse livro.

 ## CAVANDO FUNDO

1) Você se lembra de alguma situação em que não deu ouvidos a seus pais, e por isso apanhou na vida real? Leia Provérbios 1:8-19 para sentir a urgência de seguir a sabedoria.
2) Leia Efésios 6:1,2. Compare este texto com Provérbios 1:8-19. De que maneira os filhos podem honrar os pais. Considere os textos citados e responda.

 ## ABRINDO O BAÚ

Certa vez, um novo pai afirmou: "Na minha adolescência, tinha certeza de que meus pais nada sabiam sobre como criar filhos. Agora que sou pai, estou impressionado com quanto eles aprenderam em tão pouco tempo!". Que tal agradecer a Deus hoje pelos seus pais? Será que poderia achar uma maneira simples, mas expressiva de agradecê-los também?

 ## UMA ORAÇÃO

Senhor, dá-me humildade para reconhecer que não sei tudo, ouvidos, para ouvir a instrução dos meus pais, e sabedoria, para procurar o conselho daqueles que tanto me amam. Amém.

 ## UM BRILHANTE

Filho meu, ouve o ensino de teu pai
e não deixes a instrução de tua mãe. (Provérbios 1:8)

2. OBEDIÊNCIA AOS PAIS

Filhos que dão obediência devida
receberão a bênção de muito mais vida.

O culto havia terminado havia mais de meia hora e o pátio da igreja começava a se esvaziar. Sílvia chamou seus três filhos para irem embora, enquanto seu marido ia buscar o carro.

Foi então que Daniel, de quatro anos, soltou a mão de sua mãe e correu sozinho para o meio da rua atrás de seu trabalho manual da Escola Dominical. Naquele instante, Sílvia viu um ônibus no mesmo caminho e gritou para seu filho "Pare, Daniel, pare!".

Momentos depois, Daniel foi esmagado [...] pelos abraços de sua mãe, que não continha suas lágrimas de alívio e alegria pela obediência imediata de seu filho.

 O MAPA DO TESOURO

O que você acha que teria acontecido com muitas crianças nessa situação? Será que teriam prestado obediência instantânea? Ou teriam continuado correndo? Veja o que Provérbios diz:

> Filho meu, não te esqueças dos meus ensinos,
>   e o teu coração guarde os meus mandamentos;
> porque eles aumentarão os teus dias
>   e te acrescentarão anos de vida e paz. (Provérbios 3:1,2)

A Palavra de Deus nos dá diretrizes que nos protegem de muitos males. O filho que valoriza a sabedoria divina por intermédio de seus pais terá uma vida muito mais segura e abundante. Aquele que discute com Deus sobre seus padrões de vida pode ser esmagado pelo mundo antes de saber o que aconteceu.

 **CAVANDO FUNDO**

1) Leia Provérbios 3:1-4 e 3:21-26 e observe os mandamentos e as consequências da obediência.
2) Leia Efésios 6:1-3. Qual o resultado da obediência aos pais? Será que há exceções para esse mandamento?

 **ABRINDO O BAÚ**

Quais são alguns dos males proibidos ou desencorajados pela Palavra de Deus que podem diminuir a qualidade e/ou a quantidade de vida? Você conhece pessoas cujas vidas foram abreviadas por desobediência a esses princípios? Você obedece ou desobedece os mandamentos de Deus?

 **UMA ORAÇÃO**

Pai, dá-me a disposição de obedecer aos princípios da tua Palavra, mesmo quando estes vão contra os conceitos do mundo. Dá-me graça e paz para ter uma vida abundante contigo. Amém.

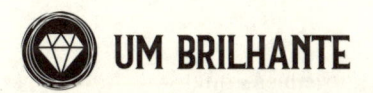 **UM BRILHANTE**

*Filho meu, ouve o ensino de teu pai
e não deixes a instrução de tua mãe.* (Provérbios 1:8)

3. O VALOR DA DISCIPLINA

*A disciplina do pai sempre se derrama
na vida dos filhos a quem ele ama.*

Alexandre esperava o pior. Ele e seu amigo Rubens haviam colado em uma prova e foram pegos por Dona Marta. Com "zero" na prova, ele provavelmente não passaria na matéria. Sabia que teria de contar tudo para seus pais, e temia as consequências.

Na manhã seguinte os dois amigos se encontraram. Alexandre pensou que para ele realmente o pior havia acontecido. Reclamou da disciplina que recebera e da injustiça de seus pais. Mas de fato o pior havia acontecido a Rubens. Seus pais nem se importaram com a notícia da cola e não fizeram nada.

 ## O MAPA DO TESOURO

Você concorda que a situação de Rubens foi mais triste do que a de Alexandre? Ou, será que encaramos a disciplina como algo negativo? Veja o que o texto bíblico diz:

> *Filho meu, não rejeites a disciplina do Senhor,*
> *nem te enfades da sua repreensão.*
> *Porque o Senhor repreende a quem ama,*
> *assim como o pai, ao filho a quem quer bem.* (Provérbios 3:11,12)

A disciplina em Provérbios brota da raiz do amor. Quem não ama não reserva tempo para instruir, advertir, corrigir, disciplinar e restaurar os filhos que erraram. Deus disciplina seus filhos porque seu amor profundo não permite vê-los afundados no pecado. A disciplina bíblica sempre visa à restauração, nunca punição ou vingança.

 ## CAVANDO FUNDO

1) Leia Provérbios 3:11-20 e observe as consequências da disciplina e da fome pela sabedoria divina. Você se lembra de uma disciplina em sua

vida que você resistiu, mas que agora você reconhece como uma bênção? Reflita na experiência.

2) Leia Hebreus 12:4-11. Como o crente deve encarar a disciplina? Deus pune seus filhos ou somente os disciplina? Qual a diferença?

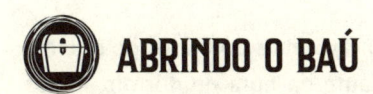

ABRINDO O BAÚ

Fique atento hoje às suas reações à disciplina ou à crítica. Procure ser humilde e grato pelo papel que a disciplina tem em sua vida.

UMA ORAÇÃO

Pai, ajuda-me a reconhecer que a disciplina é expressão do teu grande amor para comigo. Lembra-me da tua imensa graça e fidelidade para comigo. Amém.

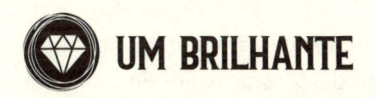

UM BRILHANTE

Filho meu, ouve o ensino de teu pai
e não deixes a instrução de tua mãe. (Provérbios 1:8)

4. PASSANDO O BASTÃO

O pai que ama a Deus de todo o coração
transmite sua fé à próxima geração.

A expressão aflita no rosto de Ana comunicava mais ao Carlos do que ele queria saber. Já era tarde – passava bastante da hora de dormir –, mas Ângela, sua filha de 15 anos, ainda não voltara. Não era a primeira vez que os ponteiros do relógio passavam da hora marcada para ela voltar, sem que ela aparecesse. Ultimamente mostrava uma rebeldia cada vez maior para com seus pais, até deixando de frequentar a igreja. Finalmente, às 00h45min, ouviram alguém chegar à porta. Mas quando a abriram, viram apenas o rosto sério de um policial. "Vocês precisam vir comigo", foi tudo o que ele falou.

 O MAPA DO TESOURO

Carlos e Ana não estão sozinhos na comunidade cristã. Infelizmente, muitos pais têm perdido seus filhos para o mundo. Mas por quê? Embora não seja possível dar uma resposta definitiva, encontramos um forte remédio na Palavra de Deus que pode prevenir muitos casos de "amnésia espiritual" em nossos filhos. O remédio? Doses fortes da Palavra de Deus administradas pelos próprios pais de forma agradável, prática e frequente. A transmissão de sua fé à próxima geração é a responsabilidade principal do pai cristão. Salomão, o autor de Provérbios, conta seu próprio testemunho a esse respeito.

> Quando eu era filho em companhia de meu pai,
>   tenro e único diante de minha mãe,
> Então, ele me ensinava e me dizia:
>   Retenha o teu coração as minhas palavras;
> guarda os meus mandamentos e vive;
>   adquire a sabedoria, adquire o entendimento
> e não te esqueças das palavras da minha boca, nem delas te apartes.
>
> (Provérbios 4:3-5)

CAVANDO FUNDO

1. Como foi a educação de seus pais? Receberam ensino da Palavra de Deus por seus avós? Como? Quando? Se não, que diferença faz?
2. Leia um destes textos e pense sobre o privilégio e a responsabilidade dos pais na transmissão da fé a seus filhos: Deuteronômio 6:4-9; Salmos 78:1-8; Efésios 6:4; Provérbios 22:6.

ABRINDO O BAÚ

Pense neste ditado: "A primeira geração conheceu a Deus; a segunda geração conheceu fatos acerca de Deus; a terceira geração não conheceu a Deus". Como evitar que tal coisa aconteça na sua família? Quais são os maiores obstáculos que poderão frustrar seus planos nesse sentido?

UMA ORAÇÃO

Senhor, dá-me amor profundo por ti que me leve a comunicar a minha fé e a tua Palavra de forma espontânea e natural a outros. Não permita que, no futuro, algum dos meus filhos, netos ou bisnetos abandone a fé e acabe no inferno. Amém.

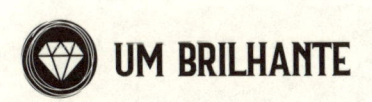

UM BRILHANTE

*Filho meu, ouve o ensino de teu pai
e não deixes a instrução de tua mãe.* (Provérbios 1:8)

CAPÍTULO DOIS

TESOUROS ESCONDIDOS

EM BUSCA DO TESOURO

I. TESOURO ESCONDIDO

Não como tesouro em lugar coberto,
o baú de Deus está sempre aberto.

Uma Bíblia = 66 livros [...] 1.189 capítulos [...] 31.173 versículos [...] todos cheios da vontade de Deus para nossas vidas. Às vezes, pessoas falam que querem descobrir a vontade de Deus, como se Deus a tivesse escondido de nós. Nada podia ser mais distante da verdade! O propósito da Bíblia em geral, e do livro de Provérbios em particular, é revelar a vontade de Deus para nossas vidas. É um verdadeiro tesouro, e infelizmente um tesouro escondido para muitos. Mas não foi este o plano de Deus. "O baú de Deus está sempre aberto!" A Palavra de Deus é um mapa deste labirinto da vida [...] uma bússola que nos orienta [...] um tesouro precioso ao alcance de todos!

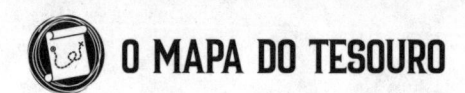 **O MAPA DO TESOURO**

Provérbios chama a todos nós para uma vida dedicada à busca de sabedoria.

> Filho meu, se aceitares as minhas palavras
>   e esconderes contigo os meus mandamentos,
> para fazeres atento à sabedoria o teu ouvido
>   e para inclinares o teu coração ao entendimento,
> e, se clamares por inteligência, e por entendimento alçares a tua voz,
>   se buscares a sabedoria como a prata e como a tesouros escondidos
>   a procurares,
> então, entenderás o temor do Senhor e acharás o conhecimento de Deus.
>
> (Provérbios 2:1-5)

Observe os verbos de "busca" usados nestes versículos, aceitares, esconderes contigo, fazeres atento, inclinares, alçares, buscares, procurares. O resultado da caça ao tesouro está no último versículo: "Então entenderás o temor do Senhor e acharás o conhecimento de Deus".

CAVANDO FUNDO

1) Provérbios 15:14 diz: "O coração sábio procura o conhecimento, mas a boca dos insensatos se apascenta de estultícia". O que quer dizer "coração sábio" e "se apascenta de estultícia"?
2) Leia Provérbios 7:1-4. O que deve ser feito com a sabedoria uma vez que a achamos?
3) Leia Tiago 1:2-8. Como a oração entra na busca por sabedoria? (Veja v.5). Qual seria a ocasião, conforme o contexto desses versículos, em que devemos pedir sabedoria?

ABRINDO O BAÚ

Você é um caçador de sabedoria? Está aberto para ouvir os conselhos de Deus e de outros? Preste atenção hoje às críticas e aos conselhos que ouve e peça a Deus sabedoria para responder positivamente.

UMA ORAÇÃO

Pai, ajuda-me a colher sabedoria da tua Palavra e daqueles ao meu redor que te amam. Ensina-me a guardar o que recebo como vindo de ti. Amém.

UM BRILHANTE

Filho meu [...] se buscares a sabedoria como a prata e como a tesouros escondidos a procurares,
então, entenderás o temor do Senhor e acharás o conhecimento de Deus.

(Provérbios 2:1,4,5)

2. FEBRE DE SABEDORIA

*Quem busca a Deus e o Seu saber
recebe honra e graça com prazer.*

A epidemia já se espalhou em muitos lugares e muitas épocas. O primeiro sintoma é um grito: "Eureka! Encontrei!". A doença chama-se "a febre do ouro". Atacou na Califórnia em 1849. Foi vista na costa australiana e na África do Sul. O drama também tem sido visto em Rondônia, Amazonas e Roraima. Pessoas normais são contaminadas, vendem tudo que têm e dão adeus aos familiares e amigos. Vivem em perigos constantes na esperança de enriquecer rapidamente. Alguns conseguem, mas a maioria perde o pouco que tem. Tudo para buscar aquele ilusório metal amarelo.

 ## O MAPA DO TESOURO

Provérbios quer nos contagiar com a Febre de Sabedoria. Há uma diferença marcante entre ela e a "Febre do Ouro". Ninguém que procura a sabedoria a todo custo, perde sua vida no garimpo.

> *O princípio da sabedoria é: Adquire a sabedoria;*
> *sim, com tudo o que possuis, adquire o entendimento.*
> *Estima-a, e ela te exaltará; se a abraçares, ela te honrará;*
> *dará à tua cabeça um diadema de graça*
> *e uma coroa de glória te entregará.* (Provérbios 4:7-9)

 ## CAVANDO FUNDO

1) Você já questionou por que o livro de Provérbios não juntou todos os versículos sobre o mesmo tópico em um lugar ou em um capítulo? Em termos do garimpo, por que será que Deus os espalhou no livro inteiro?
2) Leia Provérbios 8:33-36. Descreva a atitude da pessoa nesses versículos. O que você faria para obter sabedoria?
3) Leia 2Timóteo 2:15. Como o estudo da Palavra de Deus se relaciona à busca por sabedoria?

 ABRINDO O BAÚ

Pense hoje sobre tudo que realmente motiva sua vida. Pelo que (ou por quem) você está apaixonado? Até que ponto essa paixão pode ser transferida para a sabedoria divina?

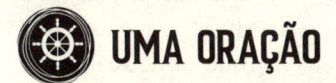 UMA ORAÇÃO

Senhor, acima de tudo, ensina-me a buscar a tua sabedoria preciosa. Dá-me respostas às perguntas da vida em tua Palavra. Amém.

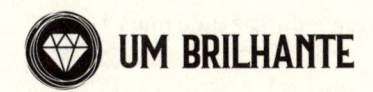 UM BRILHANTE

Filho meu [...] se buscares a sabedoria como a prata e como a tesouros escondidos a procurares,
então, entenderás o temor do Senhor e acharás o conhecimento de Deus.
(Provérbios 2:1,4,5)

3. RIQUEZA VERDADEIRA

Só um desejo Salomão pediu:
sabedoria, e o resto ganhou.

O que seria – vida longa? Grandes riquezas? A morte de um inimigo? As possibilidades eram enormes. Mas a ele fora oferecido um desejo, não três, como acontece em alguns contos de fada. Só que esta história aconteceu de verdade, e não foi um gênio de ficção, mas o Deus vivo que lhe deu a escolha.

Sem demora, Salomão sabia o que pedir. Sabedoria! Mas por que um novo rei em Israel pediria sabedoria? Ele explicou: "Sou como uma criancinha, e não sei como conduzir-me" (veja 1 Reis 3).

Pelo fato de que Deus se agradou desse desejo humilde, Ele deu para Salomão mais dois desejos não solicitados: riquezas e honra. Porque desejava sabedoria acima de tudo, Deus lhe deu sabedoria e tudo mais.

O MAPA DO TESOURO

Não é de admirar que Salomão exaltou o valor da sabedoria em Provérbios. Ouça o eco da história de sua própria vida nestes versículos.

> Feliz o homem que acha sabedoria,
> e o homem que adquire conhecimento;
> porque melhor é o lucro que ela dá do que o da prata,
> e melhor a sua renda do que o ouro mais fino.
> Mais preciosa é, do que pérolas,
> e tudo o que podes desejar não é comparável a ela. (Provérbios 3:13-15)

Separadas da sabedoria e do discernimento divino, riquezas e honra rapidamente perdem seu brilho. Mas sabedoria pode transformar pobreza em riqueza. Melhor ser um pobre sábio do que um tolo rico.

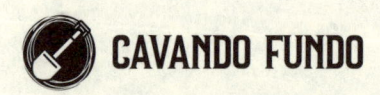 CAVANDO FUNDO

1) Por que Salomão empregou bem seu único desejo? O que você pediria se Deus lhe concedesse um desejo?

2) Leia Provérbios 8:10,11 e 8:17-21. Você concorda que sabedoria vale mais que ouro e prata? Por quê?

3) Leia Efésios 5:15-18. Como que o controle pelo Espírito Santo (a "plenitude do Espírito") se relaciona com a busca por sabedoria? Veja também Colossenses 3:16.

 ABRINDO O BAÚ

Em termos práticos, como que você pode valorizar a sabedoria no seu dia de hoje? Pense em uma maneira concreta que pode buscar a perspectiva de Deus sobre uma decisão, atitude ou atividade.

UMA ORAÇÃO

Pai, dá-me sabedoria para viver minha vida à luz da eternidade. Ajuda-me a adquirir tua perspectiva sobre as coisas que realmente valem a pena. Amém.

 UM BRILHANTE

Filho meu [...] se buscares a sabedoria como a prata e como a tesouros escondidos a procurares,
então, entenderás o temor do Senhor e acharás o conhecimento de Deus.

(Provérbios 2:1,4,5)

4. TARDE DEMAIS

Cabeça dura, um tolo a mais;
quando clama a Deus é tarde demais.

Rebeldia foi o segundo nome de Rosivaldo durante toda a sua adolescência. Rebelou-se contra seus pais, que eram ultrapassados e quadrados. Revoltou-se contra seus professores, pois não achava que precisava de tanto estudo. Virou-se contra a igreja, pois todo mundo lá era hipócrita. Fumava maconha, mas logo avançou para a cocaína. Matava as aulas, xingava seus pais e zombava da igreja. Até o dia em que sofreu um acidente de moto quando não estava usando capacete. Perdeu muito sangue, mas sobreviveu. No hospital, refletiu muito e comentou com seu médico que queria mudar de vida. Foi então que o médico lhe falou que não tinha muito tempo para mudar, porque já estava com os primeiros sintomas de Aids.

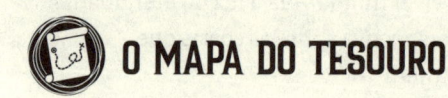 ## O MAPA DO TESOURO

Nunca é tarde demais para arrepender-se de seus pecados, mas pode ser tarde demais para evitar suas consequências. Ouça a voz da Senhora Sabedoria nestes versículos:

> *Mas, porque clamei, e vós recusastes;*
> *porque estendi a mão, e não houve quem atendesse;*
> *antes, rejeitastes todo o meu conselho*
> *e não quisestes a minha repreensão;*
> *também eu me rirei na vossa desventura,*
> *e, em vindo o vosso terror, eu zombarei,*
> *em vindo o vosso terror como a tempestade,*
> *em vindo a vossa perdição como o redemoinho,*
> *quando vos chegar o aperto e a angústia.*
>
> *Então, me invocarão, mas eu não responderei;*
> *procurar-me-ão, porém não me hão de achar.*
> *Porquanto aborreceram o conhecimento*
> *e não preferiram o temor do Senhor;*

não quiseram o meu conselho
e desprezaram toda a minha repreensão.
Portanto, comerão do fruto do seu procedimento
e dos seus próprios conselhos se fartarão. (Provérbios 1:24-31)

 ## CAVANDO FUNDO

1) Alguns definem sabedoria como "a perspectiva de Deus sobre o que realmente vale a pena". Leia Salmos 90:10,12. Por que Moisés, o autor do Salmo, faz esse pedido?
2) Provérbios 14:6 diz: *"O escarnecedor procura a sabedoria e não a encontra, mas para o prudente o conhecimento é fácil".* Por que você acha que Deus retira a sabedoria do escarnecedor?
3) Leia Gálatas 6:7-9. Pode ser tarde demais para o arrependimento? O perdão de Deus significa que não colheremos as consequências do nosso pecado?

 ## ABRINDO O BAÚ

Fique atento hoje a pessoas que obviamente rejeitaram a sabedoria divina. Quais as consequências que estão colhendo em suas vidas? Como que você pode evitar os erros deles?

 ## UMA ORAÇÃO

Senhor, revela para mim o lugar onde meu orgulho faz com que eu não busque tua sabedoria. Ajuda-me a ter um coração moldável para aprender teus caminhos. Amém.

 ## UM BRILHANTE

Filho meu [...] se buscares a sabedoria como a prata e como a tesouros
escondidos a procurares,
então, entenderás o temor do Senhor e acharás o conhecimento de Deus.

(Provérbios 2:1,4,5)

ARMADILHAS NO CAMINHO

I. O TEMOR DOS HOMENS

> O temor dos homens enlaça sua presa,
> mas fé em Deus é a melhor defesa.

Celina se sentia presa, cativa pela sua necessidade de agradar a todos o tempo todo. Estava viciada em aprovação e reconhecimento, e se matava na tentativa de consegui-los. Uma escrava do perfeccionismo, vivia para agradar outros. Foi além de seus próprios limites vez após vez — na escola, nos esportes, mesmo em sua vida espiritual. Nunca faltava à igreja, era perfeita na sua "hora silenciosa" com Deus e era líder da mocidade. Não sabia dizer não para ninguém. Sua busca desesperada por aplauso tinha somente um problema: Celina se sentia miserável. A culpa a perseguia dia e noite, e ela se sentia como o fantoche de todo mundo, mesmo de Deus. "Tem de haver mais para a vida cristã do que isso", ela pensou, enquanto saía correndo para mais uma atividade da igreja.

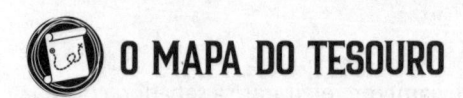 **O MAPA DO TESOURO**

Aqueles que almejam a aceitação e o reconhecimento de outros em vez de mergulharem no amor incondicional de Deus se expõem a uma armadilha fatal.

> *Quem teme ao homem arma ciladas,*
> *mas o que confia no Senhor está seguro.* (Provérbios 29:25)

Quem "teme ao homem" vive sua vida preocupado com os pensamentos e com as opiniões dos outros. Vive esperando reconhecimento e aprovação, e conforma suas palavras e ações para ganhar o aplauso do mundo. O temor aos homens anda de mãos dadas com o medo da rejeição — talvez o maior medo na vida de muitas pessoas.

 CAVANDO FUNDO

1) Como que a compreensão do nosso estatus como filhos de Deus – aceitos, amados, seguros – deve eliminar o poder da opinião de outras pessoas sobre nós?

2) É necessário desagradar aos homens para agradar a Deus? Compare Provérbios 3:4 com Lucas 2:52. Jesus cresceu "em favor para com Deus e os homens". Será que essa é a norma para o cristão, ou a exceção?

3) Leia Gálatas 1:10. O que significa procurar agradar a Deus e não ao homem? Você pode imaginar situações em que teria de escolher entre as duas opções?

 ABRINDO O BAÚ

Fique atento hoje a situações nas quais você será levado a agradar a homens e não a Deus. Procure sondar seu próprio coração para descobrir por que a aprovação deles é tão importante para você.

 UMA ORAÇÃO

Pai, obrigado pelo Teu amor e pela aceitação que encontrei em Cristo Jesus. Perdoa-me quando vivo conforme as expectativas dos outros em vez de descansar em teu amor. Amém.

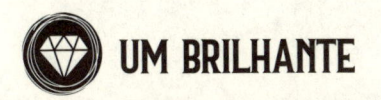 UM BRILHANTE

Quem teme ao homem arma ciladas,
mas o que confia no Senhor está seguro. (Provérbios 29:25)

2. PROMESSAS QUEBRADAS

Armadilha é o voto mal pensado,
Deus não se agrada do precipitado.

Jacqueline subiu a escada correndo, ansiosa para chegar ao seu apartamento. Estava atrasada, e sua mãe devia estar preocupada — ou brava.

— Jaqueline, onde você estava? Você prometeu voltar direto para casa depois das aulas com as compras!

— Desculpa, mãe, esqueci totalmente. Algumas das minhas amigas queriam ir ao shopping depois da aula, e realmente queriam que eu fosse junto. Posso fazer as compras agora, se quiser.

— Não dá tempo. O pastor Marcos ligou para lembrá-la de que a equipe de louvor terá seu ensaio hoje à noite. Falou que você prometeu tocar.

— Mas mãe, hoje é o último episódio da minha novela predileta! Você poderia ligar para ele e falar que não posso ir hoje?

— De jeito nenhum! Você deveria ter pensado nisso antes de dar sua palavra. Além disso, você sabe o que acho daquela novela. Você não tomou uma decisão no acampamento que nunca mais iria assisti-la?

— Ah, mãe, foi somente uma daquelas decisões do culto de fogueira. Todo mundo faz. Ninguém realmente leva a sério. [...] Pode deixar, eu ligo para o Pr. Marcos. Ele vai entender.

— Talvez ele entenda — respondeu a mãe. — Só espero que você entenda também.

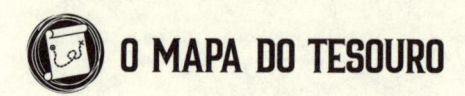 ## O MAPA DO TESOURO

Promessas vazias e votos precipitados são atalhos que nos tiram dos caminhos de sabedoria. Quebrar nossas promessas para outras pessoas é irresponsabilidade; quebrar um voto para com Deus é tolice — pode ser perigoso!

> *Laço é para o homem o dizer precipitadamente:*
> *É santo! E só refletir depois de fazer o voto.* (Provérbios 20:25)

CAVANDO FUNDO

1) Leia Eclesiastes 5:4-7. Por que é tão importante cumprir seus votos (promessas), especialmente aqueles feitos para Deus? Quais são alguns exemplos de promessas que as pessoas fazem para Deus que não cumprem?
2) Leia Salmos 15:1,4 e Tiago 5:12. Por que devemos ser pessoas de palavra, mesmo que nos custe muito? Será que o cristão precisa jurar, prometer ou oferecer garantias de que cumprirá sua palavra?
3) Leia Mateus 21:28-32. Qual dos dois filhos causou maior prejuízo, o primeiro ou o segundo? Por quê?

ABRINDO O BAÚ

Será que hoje você poderia cumprir uma promessa feita no passado, mas que quase esqueceu? Fique atento também para promessas como: "Estarei orando por você".

UMA ORAÇÃO

Senhor, ensina-me a sempre cumprir minhas palavras.
Guarda-me de fazer promessas que não tenho condições
de realizar. Amém.

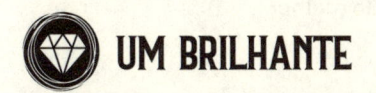
UM BRILHANTE

Quem teme ao homem arma ciladas,
mas o que confia no Senhor está seguro. (Provérbios 29:25)

3. PECADO

O pecado do homem é laço de morte,
o engano de outros nunca dá sorte.

A mãe de Rodrigo bateu mais uma vez na porta.

— Vamos, Rodrigo, está na hora de acordar! Você quer se atrasar de novo para as aulas?

Rodrigo gemeu e começou a estender seus braços. A última coisa que queria naquele dia era ir à escola. Era a vez de ele apresentar um relatório de cinco minutos sobre um projeto em grupo, e ele ainda não sabia o que falar. Então, foi a hora de implementar seu plano. Esperou até que sua mãe houvesse voltado ao quarto dela, depois correu ao banheiro. Sabendo que ela iria ouvir tudo, começou a tossir e passar mal.

— Rodrigo, você está bem? — sua mãe perguntou, preocupada. — Você parece vermelho [...] acho que está com febre. Filho, você terá de ficar em casa hoje.

— Mas mãe, hoje é o dia que preciso apresentar meu relatório! A senhora sabe quanto eu trabalhei para prepará-lo?

— Eu sei, querido, realmente é uma pena, mas não tem jeito. Só sinto que você terá de perder o grande jogo hoje à noite. Seu pai realmente estava animado para levá-lo.

Desta vez, Rodrigo gemeu de verdade. Na sua ansiedade sobre o discurso, havia esquecido totalmente do campeonato de futebol que seu pai prometeu levá-lo para assistir.

— Está bem, mãe [...] já estou me sentindo melhor...

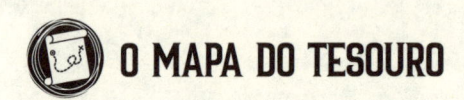 **O MAPA DO TESOURO**

Provérbios nos adverte que o pecado é como uma armadilha sensível – os mais leves toques podem nos prender quando menos esperamos.

Na transgressão do homem mau, há laço,
mas o justo canta e se regozija. (Provérbios 29:6)
Espinhos e laços há no caminho do perverso;
o que guarda a sua alma retira-se para longe deles. (Provérbios 22:5)

 ## CAVANDO FUNDO

1) Você pode pensar em exemplos de como o pecado de alguém acaba prendendo-o em uma armadilha?
2) Leia a história do pecado de Acã em Josué 7. Como ele ficou preso pelo próprio pecado?
3) Jesus advertiu contra falsos profetas em Mateus 7:15-20. Como o pecado ("frutos maus") enlaça a pessoa má e revela seu verdadeiro caráter?

 ## ABRINDO O BAÚ

Você consegue lembrar de uma vez em que se encrencou pelo seu próprio pecado? O que aconteceu? Como poderia ter sido diferente? Como evitar situações semelhantes no futuro?

 ## UMA ORAÇÃO

Senhor, guarda-me dos espinhos e das armadilhas no meu caminho. Guarda-me de colocar laços para meus próprios pés. Amém.

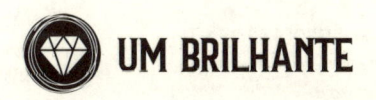 ## UM BRILHANTE

Quem teme ao homem arma ciladas,
mas o que confia no Senhor está seguro. (Provérbios 29:25)

4. EMBOSCADA

*Satanás sempre seduz os santos,
tome cuidado, ou terminará em prantos.*

Além dos laços mortais que já estudamos (o temor dos homens, o pecado, votos precipitados), Provérbios nos adverte sobre outras armadilhas que nos emboscam e nos tiram do caminho de sabedoria.

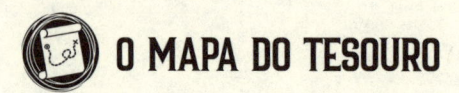 ## O MAPA DO TESOURO

Leia esses versículos e procure relacionar as referências com as armadilhas que seguem:

> *E ele num instante a segue, como o boi que
>   vai ao matadouro; como o cervo que corre
> para a rede, até que a flecha lhe atravesse o coração;
>   como a ave que se apressa para o laço,
> sem saber que isto lhe custará a vida.* (Provérbios 7:22,23)

> *Pela transgressão dos lábios o mau se enlaça,
>   mas o justo sairá da angústia.
> A boca do insensato é a sua própria destruição,
>   e os seus lábios um laço para a sua alma.* (Provérbios 12:13; 18:7)

> *Filho meu, se ficaste por fiador do teu companheiro
>   e se te empenhaste ao estranho,
> estás enredado com o que dizem os teus lábios,
>   estás preso com as palavras da tua boca [...]
> livra-te, como a gazela, da mão do caçador
>   e, como a ave, da mão do passarinheiro.* (Provérbios 6:1,2,5)

> *Trabalhar por adquirir tesouro com língua falsa
>   é vaidade e laço mortal.* (Provérbios 21:6)

> *Não te associes com o iracundo,
>   nem andes com o homem colérico,*

para que não aprendas as suas veredas

    e, assim, enlaces a tua alma. (Provérbios 22:24,25; cf. 1:10,15,17)

O homem que lisonjeia a seu próximo

    arma-lhe uma rede aos passos. (Provérbios 29:5)

	Riqueza injusta		Imoralidade
	Palavras perversas		Fiança
	Companheiros maus		Bajulação

 ## CAVANDO FUNDO

1) Quais das armadilhas relacionadas anteriormente são mais perigosas para você? Por quê?
2) Leia o que Jesus disse a Simão Pedro em Lucas 22:31,32. Compare isso com 1Pedro 5:8,9. Quem coloca emboscadas no caminho do crente? Como? Como devemos responder?

 ## ABRINDO O BAÚ

Se você já ficou preso em uma das armadilhas da lista citada anteriormente, peça que Deus o livre. Se não, peça que não caia na área de maior tentação.

 ## UMA ORAÇÃO

    Pai, ensina-me a evitar as emboscadas de Satanás.
    Ajuda-me a confiar completamente em tua ajuda para evitar
    as armadilhas no caminho. Amém.

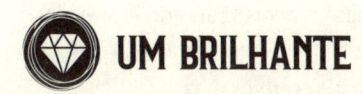 ## UM BRILHANTE

Quem teme ao homem arma ciladas,

    mas o que confia no Senhor está seguro. (Provérbios 29:25)

ATENTO ÀS INSTRUÇÕES

I. PRONTO A OUVIR

O tolo sempre fala, e quase nunca para;
abrir seus ouvidos é coisa muito rara!

Melina precisava falar com alguém que ouvisse mas sem julgar; alguém que sentiria a sua frustração. Não sabia para onde ir, o que fazer. Finalmente, com muita hesitação, decidiu falar com sua mãe, dando-lhe uma última chance. Talvez esta vez ela ouviria o que Melina queria dizer, em vez de apenas criticá-la.

— Mãe, posso falar contigo um minuto? — Melina se jogou na cama dos seus pais enquanto sua mãe arrumava o cabelo.

— Mas claro, querida — sua mãe respondeu, sem tirar seus olhos do espelho enquanto arrumava o cabelo.

— Mãe, estou muito frustrada. Odeio minha aparência. Minhas roupas são [...] são [...] feias. Eu me sinto tão gorda. E não aguento mais estas espinhas no meu rosto. Sei que todo mundo está olhando para mim e...

— Bem, filha — Dona Regina interrompeu —, o que você espera quando come tanto lixo? Não falei apenas uma vez, falei um milhão de vezes, é isso que tanta batata frita e pipoca fazem. Precisa comer direito, fazer exercício em vez de assistir aqueles filmes ridículos e então você emagrecerá e perderá todas as espinhas... É só isso, ou você queria conversar sobre outra coisa?

Mas já era tarde demais. O que a sua mãe tinha dito era verdade, mas naquele momento Melina precisava de empatia, não uma bronca. Assim, ela perdeu algo mais importante que alguns quilos. Perdera a confiança em sua mãe.

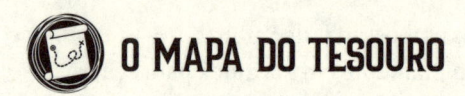 O MAPA DO TESOURO

Antes de dar conselho para outras pessoas, precisamos aprender a ouvir. Compare seus hábitos como ouvinte com estas palavras sábias de Provérbios:

> *Responder antes de ouvir é estultícia e vergonha.* (Provérbios 18:13)
> *O insensato não tem prazer no entendimento,*
> *senão em externar o seu interior.* (Provérbios 18:2)

Como águas profundas, são os propósitos do coração do homem,
mas o homem de inteligência sabe descobri-los. (Provérbios 20:5)

Que desafio: descobrir e entender os propósitos do coração do nosso amigo! Requer ouvidos atentos, paciência, amor [...] e talvez um zíper na nossa própria boca!

 CAVANDO FUNDO

1) Você conhece alguém cujo maior prazer é soltar sua opinião em vez de ouvir e respeitar os pensamentos dos outros? Como você se sente perto dele?
2) Leia Tiago 1:19,20. Qual o relacionamento entre estar "pronto para ouvir" e "tardio para falar, tardio para se irar"?

 ABRINDO O BAÚ

Seja sensível hoje às pessoas ao seu redor as quais precisam que você as ouça antes de oferecer opiniões e conselho. Procure simplesmente ouvir e compreender em vez de falar.

 UMA ORAÇÃO

Senhor, ensina-me a realmente ouvir as pessoas ao meu redor que precisam de compreensão e sensibilidade. Ajuda-me a dar conselho quando me for pedido, mas somente quando realmente compreendo a necessidade. Amém.

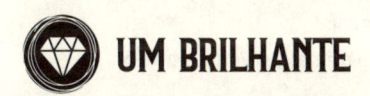 UM BRILHANTE

Responder antes de ouvir é estultícia e vergonha. (Provérbios 18:13)

2. PENSAR PRIMEIRO

Fechar a boca é o melhor ingrediente,
para sér visto como pessoa inteligente.

Como você responderia a cada uma das seguintes situações?

— Sua melhor amiga lhe diz que os pais dela vão se divorciar e ela precisa decidir com quem morar.

— Seu vizinho diz que o filho dele está com leucemia e quer saber por que Deus permite o sofrimento em uma criança pequena.

— Um colega de turma perde seus pais em um acidente e talvez terá de sair da escola.

— O técnico do seu time é acusado de ser traficante e ninguém consegue acreditar.

 ## O MAPA DO TESOURO

"Choque talvez descreveria sua reação inicial a cada uma dessas situações. Talvez incredulidade também. Mas como você responderia? O que falaria? Muitos, é claro, seriam rápidos em dar conselho, oferecer palpite ou aplicar um "band-aid" espiritual. Outros talvez seriam tentados a fofocar. Mas quantos teriam sabedoria suficiente para parar, pensar, orar e simplesmente ouvir pessoas que estão passando por crises? É isso que Provérbios recomenda:

> *O coração do justo medita o que há de responder,*
> *mas a boca dos perversos transborda maldades.* (Provérbios 15:28)

> *No muito falar não falta transgressão,*
> *o que modera os lábios é prudente.* (Provérbios 10:19)

> *Tens visto um homem precipitado nas suas palavras?*
> *Maior esperança há para o insensato do que para ele.* (Provérbios 29:20)

À luz dessas advertências, um bom lema para o cristão seria: "Pare, Pense, e Ouça!"

 ## CAVANDO FUNDO

1) Por que é perigoso dar conselho antes de realmente examinar todos os ângulos de uma questão?
2) Você se lembra de um dos discípulos de Jesus, Pedro, que vez após outra falava antes de pensar? Como ele ilustrou a tolice de palavras precipitadas? (Veja Mateus 17:1-8.)
3) Leia Tiago 3:1,2. Por que é melhor ser conhecido como uma pessoa de poucas palavras, do que sempre espalhar suas opiniões?

 ## ABRINDO O BAÚ

Você tem a tendência de falar antes de realmente ouvir? Talvez tenha a tendência de pensar no que você vai responder enquanto a outra pessoa ainda está falando? Procure hoje ser um ouvinte de verdade, fazendo perguntas inteligentes para esclarecimento e pedindo que Deus lhe dê um coração compreensivo.

 ## UMA ORAÇÃO

Pai, ajuda-me a ser cuidadoso no conselho que dou.
Ensina-me a pensar antes de falar, amar antes de avisar, e
compreender antes de aconselhar. Amém.

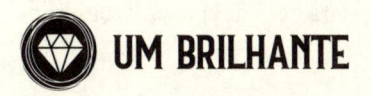 ## UM BRILHANTE

Responder antes de ouvir é estultícia e vergonha. (Provérbios 18:13)

3. CONSELHO SADIO

Tome decisões com humildade;
busque em Deus a Sua vontade.

Genivaldo estava confuso e seus pais também. Durante uma semana no acampamento da igreja, ele havia dedicado seu futuro ao Senhor, ciente das mudanças que precisavam acontecer em sua vida. Desde então tinha a convicção crescente de que Deus queria que ele entrasse no ministério, e que estudasse em um instituto bíblico ou seminário. A decisão foi grande, e para complicar, cada um que consultava tinha uma opinião diferente. Depois de cada conversa, Genivaldo pensava que sabia o que fazer – até que falava com mais alguém, e tudo mudava.

Finalmente, chegou a hora da decisão. Depois de muita oração, várias listas de "prós" e "contras", e uma busca diligente das Escrituras, Genivaldo decidiu procurar o conselho de mais uma pessoa, a mais sábia que conhecia, seu avô. Vovô fez algumas perguntas, e ajudou Genivaldo a considerar o que significa "buscar primeiro o Reino de Deus". Com confiança renovada, Genivaldo voltou para casa pronto para tomar a maior decisão dos seus 18 anos.

 ## O MAPA DO TESOURO

Há muitas receitas para determinar a vontade de Deus, inclusive oração, leitura bíblica, paz no coração, bom senso e circunstâncias. Provérbios nos desafia a considerar outro ingrediente que evita decisões precipitadas: conselho sadio.

> *Não havendo sábia direção, cai o povo,*
> *mas na multidão de conselheiros há segurança.* (Provérbios 11:14)

> *Onde não há conselho fracassam os projetos,*
> *mas com os muitos conselheiros há bom êxito.* (Provérbios 15:22)

> *O que começa o pleito parece justo,*
> *até que vem o outro e o examina.* (Provérbios 18:17)

Bons conselheiros nos ajudam a ser objetivos, reunir dados e avaliar evidências antes de tomar uma decisão. Mesmo assim, devemos ter cuidado para não sermos influenciados demais pela última pessoa com quem conversarmos. Quando chega a hora de decidir, a análise criteriosa de todos os fatores pode fazer a diferença entre o sucesso e o fracasso.

CAVANDO FUNDO

1) Se muitos conselheiros dão segurança nas decisões, quando é que a opinião de "muitos" é "demais"? Que tipo de conselheiro devemos procurar? (Veja a história de Roboão, filho de Salomão, em 1 Reis 12.)
2) Avalie a declaração: "Há sempre dois lados para cada questão". Quais as implicações?
3) Leia Tiago 4:11,12 e 1 Coríntios 4:3-5. Por que julgar outras pessoas é como ouvir somente um lado de uma questão? Quem é o Único capaz de julgar retamente? Por quê?

ABRINDO O BAÚ

Quais as decisões mais importantes que você está enfrentando? Será que poderia procurar um conselheiro hoje para ajudá-lo a tomar uma decisão que agrade a Deus?

UMA ORAÇÃO

Dá-me sabedoria, Senhor, para procurar conselheiros responsáveis e piedosos. Ajuda-me a ser equilibrado quando dou conselho, sempre buscando ouvir todos os lados de cada questão. Amém.

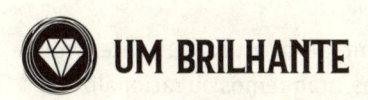 UM BRILHANTE

Responder antes de ouvir é estultícia e vergonha. (Provérbios 18:13)

4. OUVINDO A CRÍTICA

Se ouvirdes correção que vem de santos lábios,
tomarás o teu lugar entre homens muito sábios.

Como você responderia se ouvisse algumas destas críticas diretas e indiretas:
– Uau! Você realmente engordou nas férias!
– Há quanto t-t-t-tempo você g-g-g-gagueja?
– Sua família não consegue comprar um carro melhor?
– TODO MUNDO da classe acha que você é um chato.
– Você não sabe ouvir crítica!

 ## O MAPA DO TESOURO

Gostando ou não, geralmente há uma semente de verdade em toda crítica que recebemos. Se todos os fatos fossem conhecidos, cada um de nós provavelmente mereceria muito MAIS crítica do que ouvimos. Graças a Deus outras pessoas não conseguem ver nossos corações!

A habilidade de aceitar crítica caracteriza o sábio em Provérbios. Escute este coro de versículos sobre crítica:

> *Ouve o conselho e recebe a instrução,*
> *para que sejas sábio nos teus dias por vir. (Provérbios 19:20)*

> *Os ouvidos que atendem à repreensão salutar*
> *no meio dos sábios têm a sua morada. (Provérbios 15:31)*

> *Como pendentes e joias de ouro puro,*
> *assim é o sábio repreensor para o ouvido atento. (Provérbios 25:12)*

> *Melhor é a repreensão franca do que o amor encoberto.*
> *Leais são as feridas feitas pelo que ama,*
> *porém os beijos de quem odeia são enganosos. (Provérbios 27:5,6)*

Lutamos para ouvir e avaliar objetivamente a crítica que recebemos. Nosso orgulho faz com que reivindiquemos, ataquemos ou racionalizemos quando confrontados por críticas. O espírito humilde do sábio ajuda-o a aprender e a crescer com a crítica.

CAVANDO FUNDO

1) O que significa a frase "amor firme"? Se amor é definido como "buscar o bem maior da pessoa que ama", onde a crítica se encaixa no relacionamento?

2) Você é uma pessoa disposta a aprender? Como você responde à crítica? Você se defende? Racionaliza seu pecado? Ou responde humildemente à pessoa que se arriscou no confronto? Como você poderia ficar mais aberto à repreensão?

3) Leia Efésios 4:15. Qual o equilíbrio entre o amor e a verdade? O que acontece quando sacrificamos um pelo outro?

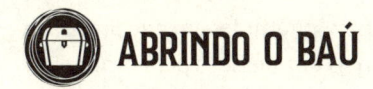

ABRINDO O BAÚ

Você foi criticado recentemente? Como respondeu a isso? Procure ser humilde e disposto a ouvir quando enfrenta qualquer crítica. Procure aprender e dê graças a Deus que pela crítica, você não ficará estagnado, mas estará sempre crescendo.

UMA ORAÇÃO

Pai, perdoa-me por resistir à correção. Ajuda-me a
ser humilde para admitir quando eu errar, disposto a aprender
com a correção, sensível para confrontar o pecado e sempre
falar a verdade em amor. Amém.

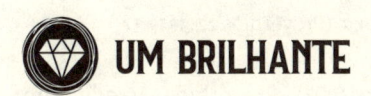

UM BRILHANTE

Responder antes de ouvir é estultícia e vergonha. (Provérbios 18:13)

O SIMPLES

I. INGENUIDADE

O simples adora o lixo na praça;
o mal no mundo, ele abraça.

Os pais de Joel já haviam tentado ensiná-lo; mas ele teria de aprender na escola da vida: "Não existe o almoço de graça! Se parece ser bom demais para ser verdade, provavelmente não é verdade! Antes de assinar, leia as letras minúsculas!".

Primeiro, Joel pediu a filiação em uma promoção de videogames: "Compre um, ganhe dez de graça!". Mas Joel passou por cima de uma cláusula que automaticamente renovava sua assinatura – e que lhe custou caro. Depois, ele foi fisgado por um esquema de vendas tipo "pirâmide" em que precisava recrutar dez pessoas as quais recrutariam mais dez pessoas para vender um produto de eficácia duvidosa. Nesse último negócio Joel perdeu mais ainda, mas finalmente ganhou uma nova visão do mundo: "Você não recebe nada de graça!".

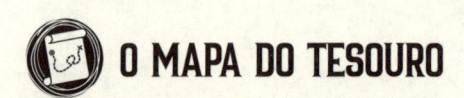 ## O MAPA DO TESOURO

Provérbios oferece sua própria definição da pessoa simples, aquela tão ingênua que aceita qualquer esquema para ficar rica rapidamente:

> O simples dá crédito a toda palavra,
>   mas o prudente atenta para os seus passos. (Provérbios 14:15)

> O prudente vê o mal e se esconde;
>   mas os simples passam adiante e sofrem a pena. (Provérbios 22:3 [27:12])

O simples é o primeiro tipo de tolo descrito em Provérbios. Acredita em tudo e em todos e acaba sendo atraído para perigos desconhecidos. O livro aconselha cautela e pensamento cuidadoso para não se tornar igual a ele.

 CAVANDO FUNDO

1) Você já viu outros exemplos de pessoas que procuravam dinheiro fácil na sociedade? Qual a raiz dessa tendência de ser enganado tão facilmente?
2) Leia Mateus 10:16-20. Qual foi o conselho de Jesus aos seus discípulos? Por quê?

ABRINDO O BAÚ

Enquanto assiste propagandas na televisão, fique atento para as muitas técnicas usadas para enganar, seduzir e explorar. Por que você acha que tantas pessoas engolem esses comerciais? Como você pode se defender para não ficar entre os "simples"?

 UMA ORAÇÃO

Pai, não permita que eu seja enganado por propaganda falsa e seduzido pelos meus desejos Ajuda-me a ser cauteloso sem ser inoportuno. Amém.

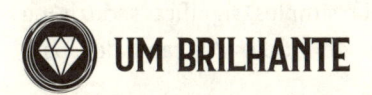 UM BRILHANTE

O prudente vê o mal e se esconde;
mas os simples passam adiante e sofrem a pena. (Provérbios 22:3)

2. SEDUZIDO ATÉ A MORTE

O simples cai na sedução
e flechas furam seu coração.

Escute uma história tão antiga quanto o mundo, que se repete ainda atualmente com mais frequência que nunca:

> *Certo dia [...] da janela de minha casa vi um rapaz sem juízo, sem a menor noção do certo e errado. Ele ia e vinha pela rua, junto à casa da prostituta, ao anoitecer e durante a noite. E a prostituta saía para se encontrar com ele; ela é bem ousada, e com muita malícia procura perturbar o rapaz com suas roupas provocantes. Ela era desse tipo vulgar e atrevido, uma mulher que nunca para em casa, mas está sempre andando pelas ruas e praças à procura de homens para serem seus amantes. Ela se aproximou do rapaz, beijou-o e disse [...] "Vim procurar você para ir à minha casa e de repente você apareceu! [...] Venha, vamos nos embriagar de amor até o dia chegar!" (Provérbios 7, Bíblia Viva).*

 **O MAPA DO TESOURO**

Além de ser ingênuo, o tolo simples, em Provérbios, tende a ser imoral. De fato, a forma verbal da palavra traduzida "simples" significa "seduzir" ou "atrair" em outros textos. Escute a descrição do simples que cambaleia para dentro da armadilha da mulher sensual:

> *Seduziu-o com as suas muitas palavras,*
> *   com as lisonjas dos seus lábios o arrastou.*
> *E ele num instante a segue, como o boi que vai ao matadouro;*
> *   como o cervo que corre para a rede,*
> *até que a flecha lhe atravesse o coração;*
> *   como a ave que se apressa para o laço,*
> *   sem saber que isto lhe custará a vida.* (Provérbios 7:21-23)

 ## CAVANDO FUNDO

1) Leia o restante da história da sedução do jovem simples em Provérbios 7. Como a mulher imoral o atraiu?
2) Leia a história de Judá e Tamar em Gênesis 38 e compare-a à história de José e a esposa de Potifar em Gênesis 39. Quem foi o simples? Quem foi o sábio?
3) Leia 1Coríntios 6:18-20. Por que a imoralidade é um pecado especialmente tolo?

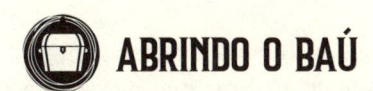 ## ABRINDO O BAÚ

Satanás nos bombardeia diariamente com tentações sexuais. Ele sabe que uma boa porcentagem de jovens simples será atingida. Fique atento hoje para com essas tentativas de sedução e ligue suas defesas antiaéreas!

 ## UMA ORAÇÃO

Dá-me coragem, Pai, para resistir às muitas tentações que me cercam. Livra-me da tolice da bajulação e da imoralidade. Amém.

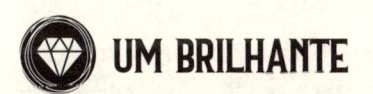 ## UM BRILHANTE

O prudente vê o mal e se esconde;
mas os simples passam adiante e sofrem a pena. (Provérbios 22:3)

3. APRENDIZAGEM SIMPLES

O zombador apanha de todo pecado;
aprenda, ó simples, com este recado.

– Vamos, garoto, você consegue. Veja como eu faço...

André olhou para seu "professor"– um jovem do bairro que era líder de uma gangue de rapazes que praticavam pequenos furtos nos mercados da cidade. Olhando sobre seus ombros, o rapaz pegou uma barra de chocolate e a colocou no bolso de sua calça.

– Viu? É fácil! Agora é sua vez.

Mesmo com as mãos trêmulas, André queria impressionar seu "amigo". Pegou a primeira caixa de balas que conseguiu alcançar, mas de repente alguém colocou a mão em seu ombro. Era um guarda da segurança.

– Rapazes, vocês devem vir comigo...

Foi assim que André se viu sentado na delegacia com seus pais. Pelo fato de não conseguir furtar nada, foi entregue à guarda de seus pais. Mas seu amigo, que já estivera preso várias vezes, foi levado à FEBEM. Não foi "da boca para fora" que André prometeu aos seus pais: "Nunca, nunca vou furtar mais nada na minha vida!".

O MAPA DO TESOURO

Enquanto Provérbios oferece pouca esperança para o tolo resoluto – chamado "Escarnecedor", ainda há esperança para o simples. Talvez ele mude seus hábitos ingênuos e escape do caminho da tolice quando percebe o castigo que espera o Escarnecedor:

> *Quando o escarnecedor é castigado, o simples se torna sábio;*
> *e, quando o sábio é instruído, recebe o conhecimento. (Provérbios 21:11)*

> *Quando ferires ao escarnecedor, o simples aprenderá a prudência;*
> *repreende ao entendido, e crescerá em conhecimento. (Provérbios 19:25)*

 ## CAVANDO FUNDO

1) Leia Salmos 19:17 e 119:130. Qual a esperança que Deus oferece ao simples para adquirir sabedoria e escapar do caminho do tolo?
2) Até que ponto temos de aprender as lições duras desta vida por experiência própria? Quanto aprendemos pela observação do sofrimento de outros?
3) Leia 1Coríntios 5. Como a disciplina de um irmão em pecado ajuda o Corpo todo? (Veja especialmente vv. 6-8.)

 ## ABRINDO O BAÚ

Quais lições duras você já aprendeu observando os erros de outros? Quais as lições que você mesmo aprendeu na escola da experiência dura? Agradeça a Deus pela aprendizagem!

 ## UMA ORAÇÃO

Pai, ajuda-me a perceber as consequências do mal pela observação dos erros dos outros. Guarda-me dos pecados de zombaria e gozação e ajuda-me a colher sabedoria da tua Palavra. Amém.

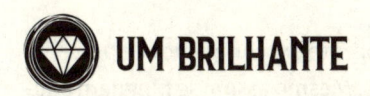 ## UM BRILHANTE

O prudente vê o mal e se esconde;
mas os simples passam adiante e sofrem a pena. (Provérbios 22.3)

4. QUEDA EM ESPIRAL

Salve o simples da burrice,
ou ele se afoga no mar da tolice.

Saul, o primeiro rei de Israel por escolha popular, começou sua carreira real escondido em humildade e medo entre a bagagem do seu povo (veja 1Samuel 10:22). Embora fosse bem mais alto do que seu rival mais próximo, era pequeno aos seus próprios olhos.

Infelizmente o sucesso precoce na vida de Saul subiu à sua cabeça, e ele entrou em parafuso que o levou ao porão da tolice. Primeiro, ele usurpou os direitos e privilégios do profeta Samuel, oferecendo um sacrifício ilegítimo (veja 1Samuel 13). Depois, desobedeceu uma ordem direta de Deus e poupou um rei inimigo (veja 1Samuel 15). Mais tarde, perseguiu Davi, ungido rei por Deus em seu lugar (veja 1Samuel 18 e 19).

Finalmente massacrou os sacerdotes do Senhor (veja 1Samuel 22) e consultou uma médium (veja 1Samuel 28) antes de uma morte horrível (veja 1Samuel 29). Ironicamente, sua carreira terminou quando ele perdeu sua vantagem – sua cabeça – em guerra contra os filisteus.

Saul foi um "desconhecido" que passou a ser alguém quando o povo queria qualquer um. Mas ele morreu como ninguém porque pensou que era alguém que não precisava dar ouvidos a qualquer um.

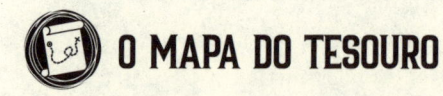 **O MAPA DO TESOURO**

A estultícia do simples é relativamente inocente em comparação à perversidade ousada de outros tolos em Provérbios. Mesmo assim, se ninguém educá-lo logo, também descerá os degraus do poço de destruição.

> *Os simples herdam a estultícia,*
> *mas os prudentes se coroam de conhecimento.* (Provérbios 14:18)

> *Os néscios são mortos por seu desvio,*
> *E aos loucos a sua impressão de bem-estar os leva à perdição.* (Provérbios 1:32)

Estes versículos ensinam que pessoas simples (o tolo ingênuo) trilham um caminho para baixo que termina em destruição. O remédio? Parar a espiral para baixo, antes que seja tarde demais, por intermédio da aprendizagem de sabedoria.

 ## CAVANDO FUNDO

1) Todos nós traçamos características de simplicidade. Felizmente, o Senhor conhece nossa fraqueza e fragilidade. Leia Salmos 116:5,6 para descobrir o que Ele faz para o simples.
2) Leia 2Timóteo 3:12,13. O que normalmente acontece com os homens maus?

 ## ABRINDO O BAÚ

Cada decisão que tomamos nos leva em direção à luz ou às trevas. Preste atenção aos mínimos detalhes da sua vida hoje para verificar se está trilhando o caminho da luz ou das trevas.

 ## UMA ORAÇÃO

Pai, dá-me humildade para evitar a espiral para baixo que termina em destruição. Quero andar em dependência de ti, evitando orgulho e arrogância. Amém.

 ## UM BRILHANTE

O prudente vê o mal e se esconde;
mas os simples passam adiante e sofrem a pena. (Provérbios 22:3)

CAPÍTULO TRÊS

PIRATAS CRUÉIS

ORGULHO

I. QUEM PRECISA DE DEUS?

Deus detesta o olhar orgulhoso;
a soberba é caminho bem perigoso.

Pense por alguns instantes sobre estas declarações sutis e não tão sutis de orgulho:

— Você viu aquela jogada? Se eu estivesse no jogo, nunca teria feito assim...

— Quem é que ele pensa que é, afinal de contas?

— Olha a nota que eu tirei. Ninguém conseguiu nota "dez", senão eu!

— Eu não entendo aquelas pessoas. Por que não voltam para o lugar de onde vieram?

 ## O MAPA DO TESOURO

Conforme Provérbios 6:17, sete itens constam na lista de "Coisas Mais Odiadas" pelo Senhor, e o primeiro lugar está reservado para "olhos altivos" – o orgulho. Verifique estes outros versículos que descrevem tamanho ódio que Deus tem pela soberba:

O temor do Senhor consiste em aborrecer o mal;
a soberba, a arrogância, o mau caminho e a boca perversa, eu os aborreço.

(Provérbios 8:13)

Abominável é ao Senhor todo arrogante de coração;
é evidente que não ficará impune. (Provérbios 16:5)

Por que Deus condena tão fortemente o orgulho? Será que é porque o orgulho rejeita a necessidade do próprio Deus, como se a vida pudesse ser vivida sem Ele? "Olhos altivos" olham de cima para baixo para todos, inclusive para o Senhor. Não há espaço para Deus em uma vida cheia de si mesmo.

 **CAVANDO FUNDO**

1) Existe algum tipo de "orgulho saudável"?
2) Leia a história de Herodes em Atos 12:19-24. É interessante notar que esse rei não foi julgado pela sua perseguição da igreja, ou até mesmo pela execução de Tiago, líder da igreja em Jerusalém (veja Atos 12:1,2) mas, sim, pelo seu orgulho!

 **ABRINDO O BAÚ**

Enquanto assiste programas e filmes, procure identificar os muitos exemplos de orgulho e arrogância. As pessoas soberbas são apresentadas positiva ou negativamente? Quais os resultados de seu orgulho?

 **UMA ORAÇÃO**

Deus, confesso que o orgulho e o egoísmo muitas vezes habitam em meu coração. Ensina-me a amar e servir a ti acima de mim mesmo. Amém.

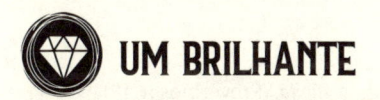 **UM BRILHANTE**

A soberba precede a ruína,
e a altivez de espírito, a queda. (Provérbios 16:18)

2. CUIDADO COM O TOMBO

Depois do orgulho vem a destruição,
não perca tempo, aprenda a lição.

A história sempre repete a lição de que o orgulho leva à queda. Um dos exemplos que constantemente voltam à consciência moderna é o Titanic, que conforme alguns disseram na época era um navio "impossível até para Deus afundar". Essa confiança demasiada na tecnologia humana levou ao naufrágio em 1912, e continua destruindo os navios da arrogância. A única coisa que o Titanic fez foi afundar-se em sua primeira viagem marítima!

Certa vez alguém disse: "Vou declarar a história de orgulho em três capítulos breves. O começo do orgulho foi no céu (com Lúcifer). A continuidade dele está na terra. O fim do orgulho está no inferno. Esta história mostra a decadência da soberba!" (R. Neston).

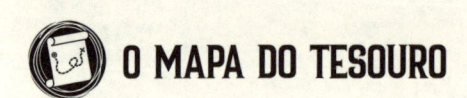 O MAPA DO TESOURO

O amor de Deus pela humanidade e Sua proteção da Sua glória não permitem que nosso orgulho permaneça desenfreado. Provérbios adverte contra a soberba para que o homem se humilhe e evite suas consequências devastadoras:

A soberba precede a ruína, e a altivez do espírito, a queda. (Provérbios 16:18)

Antes da ruína, gaba-se o coração do homem,
e diante da honra vai a humildade. (Provérbios 18:12)

A soberba do homem o abaterá,
mas o humilde de espírito obterá honra. (Provérbios 29:23)

O Senhor deita por terra a casa dos soberbos;
contudo, mantém a herança da viúva. (Provérbios 15:25)

Em vindo a soberba, sobrevém a desonra,
mas com os humildes está a sabedoria. (Provérbios 11:2)

 ## CAVANDO FUNDO

1) Um pensador escreveu que o orgulho tirou Nabucodonosor da sociedade humana, Saulo do seu reino, Adão do paraíso, Hamã da corte do rei e Lúcifer do céu. Você pode pensar em outros exemplos bíblicos dos resultados desastrosos do orgulho?
2) Você consegue lembrar de exemplos recentes de orgulho que precedeu a ruína? (Pense em atletas, líderes religiosos, políticos, cientistas etc.)
3) Leia Tiago 4:6. Como a queda de uma pessoa orgulhosa pode ser considerada evidência da graça de Deus em sua vida? Como a ruína reflete o amor de Deus?

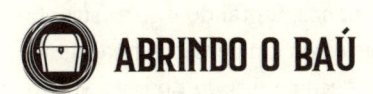 ## ABRINDO O BAÚ

Quais as áreas em que você é tentado a ser orgulhoso? Que tal consagrar essas habilidades ao Senhor, reconhecendo que Ele é a fonte de tudo de bom que existe em você? Veja 1Coríntios 4:7.

 ## UMA ORAÇÃO

Pai, ajuda-me a descer do pedestal do orgulho, antes de ter que ser tirado dali. Se for preciso cair, que eu caia em tuas mãos. Ensina-me a desconfiar de mim mesmo e a depender completamente de ti. Amém.

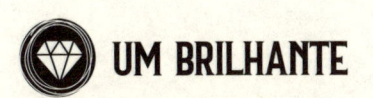 ## UM BRILHANTE

A soberba precede a ruína,
e a altivez de espírito, a queda. (Provérbios 16:18)

3. ZOMBARIA

O zombador com nariz empinado,
nunca enxerga seu próprio pecado.

Rafael era o aluno mais inteligente, mais atlético e com grande probabilidade de ser o mais bem-sucedido da sua turma. Porém, tinha um problema e ele sabia disso: Nenhum colega de classe ficava imune às suas críticas, muito menos os professores. Nenhum jogador no seu time escapava de ser ridicularizado se errasse a bola. Até sua família estava cansada de viver à sombra de sua ironia. Era a final do campeonato de sua cidade; o dia do grande jogo do seu time contra o rival. Rafael não passou a bola para ninguém, mas perdeu chance após chance, tentando driblar sozinho uma defesa quase impenetrável. Mais tarde errou um pênalti e, finalmente, sofreu a maior humilhação da sua vida: o técnico o tirou do jogo, substituiu-o por um garoto que quase não jogara a temporada toda. Pior ainda, o reserva marcou um gol de cabeça no último minuto do jogo. Ninguém deixaria Rafael esquecer aquele dia pelo restante de sua vida.

 ## O MAPA DO TESOURO

O zombador destrói os outros com seu espírito altivo. Deus promete que um dia ele será tirado do seu trono. Provérbios o descreve:

> *Quanto ao soberbo e presumido, zombador é seu nome;*
> *procede com indignação e arrogância.* (Provérbios 21:24)

> *Há daqueles que amaldiçoam a seu pai*
> *e que não bendizem a sua mãe.*
> *Há daqueles que são puros aos próprios olhos*
> *e que jamais foram lavados da sua imundícia.*
> *Há daqueles — quão altivos são os seus olhos*
> *e levantadas as suas pálpebras!* (Provérbios 30:11-13)

CAVANDO FUNDO

1) Leia Salmos 1:1. Você já foi atraído para dentro do círculo do escarnecedor?
2) Leia 1Coríntios 4:6,7. Quem é responsável pelas diferenças que há entre uma pessoa e outra? Há alguma justificativa para o orgulho ou a gozação de outros?

ABRINDO O BAÚ

Reflita na bênção de Deus em sua vida. Pense em termos de saúde, habilidades, família, igreja, bens materiais e bênçãos espirituais. Pense nos milhões (bilhões?) de pessoas que não têm um décimo do que você tem e louve a Deus pela Sua graça para com você.

UMA ORAÇÃO

Perdoa-me, Senhor, pelas vezes que fiquei com o nariz empinado, menosprezando outras pessoas e imaginando que eu mesmo fosse responsável pelo meu sucesso. Perdoa-me pela ingratidão por tudo que tenho e sou. Amém.

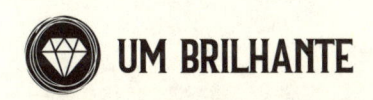

UM BRILHANTE

A soberba precede a ruína,
e a altivez de espírito, a queda. (Provérbios 16:18)

4. DESGRAÇA

Orgulho é um mal que a alma enlaça,
nos lança no fundo da maior desgraça.

Pense sobre estas declarações sobre o orgulho e a arrogância...

- Orgulho é o único mal que deixa todo mundo doente, menos a pessoa que o tem.
- De todas as coisas maravilhosas na terra, talvez não haja nenhuma que os anjos olhem com tanta surpresa quanto um homem soberbo (Colton).
- Profundo é o mar, e profundo é o inferno, mas o orgulho cava mais fundo ainda; está enroscado como um verme venenoso ao redor do alicerce da alma (Tupper).
- Um homem orgulhoso quase nunca é um homem grato, pois jamais pensa que recebeu o que tanto merece (H. W. Beecher).

 ## O MAPA DO TESOURO

Provérbios também contém muitas máximas sobre o orgulho. Observe mais algumas características da soberba, com os resultados que esperam o coração do orgulhoso:

> *Da soberba só resulta a contenda,*
> *mas com os que se aconselham se acha a sabedoria.* (Provérbios 13:10)

> *Olhar altivo, coração orgulhoso,*
> *e até a lâmpada dos perversos, são pecado.* (Provérbios 21:4)

> *Em vindo a soberba, sobrevém a desonra,*
> *mas com os humildes está a sabedoria.* (Provérbios 11:2)

Segundo esses versículos, a pessoa orgulhosa causa brigas e é um sabe-tudo. No fim, seu orgulho leva à desgraça, quando é tirado de repente do seu pedestal e descobre que talvez ele não seja o presente de Deus para o universo!

CAVANDO FUNDO

1) Leia Salmo 131. O que o salmista diz sobre a ambição, a humildade e a confiança em Deus?
2) Leia Provérbios 25:6,7 e compare ao que Jesus disse em Lucas 14:7-11. Você pode imaginar alguns exemplos práticos em que se pode aplicar o princípio de não exaltar a si mesmo?

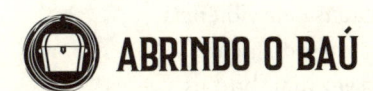

ABRINDO O BAÚ

Quais as áreas em que você poderia estar mais disposto a aprender? Em que você é ambicioso e não está confiante no Senhor? Peça que Deus trabalhe essas áreas de sua vida hoje.

UMA ORAÇÃO

Senhor Jesus, ajuda-me a ser humilde e aprender em tudo que faço. Guarda-me da ambição que é fruto do orgulho, e leva-me à confiança em ti. Amém.

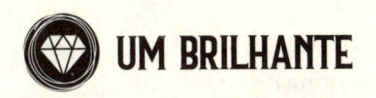

UM BRILHANTE

A soberba precede a ruína,
e a altivez de espírito, a queda. (Provérbios 16:18)

CRUELDADE

I. MÃOS VIOLENTAS

> O homem violento recruta para o gangue
> quem caça inocentes, com sede pelo sangue.

A nossa sociedade está sufocada pela violência. Nossa sede por sangue se compara aos gladiadores da Roma antiga.

- O cinema e a TV mostram cenas marcadas pela violência.
- Os crimes e a impunidade aumentam em todo lugar.
- Jovens se viciam em videogames cada vez mais brutais.
- "As Dez Músicas Mais Tocadas" encorajam ao suicídio, ao assassinato de policiais, juízes e à sexualidade desenfreada.

Onde é que vamos parar? Quando é que Deus vai dizer "Chega!"?

O MAPA DO TESOURO

O terceiro pecado que o Senhor aborrece na Sua lista de sete é a crueldade, especificamente mãos que derramam sangue inocente (Provérbios 6:17). Esse sujeito sanguinário ama a violência:

> *Filho meu, se os pecadores querem seduzir-te, não o consintas.*
> *Se disserem, "Vem conosco, embosquemo-nos para derramar sangue,*
> *espreitemos, ainda que sem motivo, os inocentes [...]".*
> *Filho meu, não te ponhas a caminho com eles;*
> *guarda das suas veredas os pés;*
> *porque os seus pés correm para o mal*
> *e se apressam a derramar sangue.* (Provérbios 1:10,11,15,16)

 CAVANDO FUNDO

1) Conforme Provérbios 16:29, o homem violento alicia o seu companheiro e guia-o por um caminho que não é bom. Por que você acha que a violência é tão destacada em nossa sociedade?

2) Leia Mateus 5:3-10. Como as bem-aventuranças de Jesus contrastam com as atitudes do homem violento? Como Ele avaliaria nossa fascinação com a violência no entretenimento e lazer?

3) Leia Filipenses 4:8. Que tipos de pensamentos devem ocupar a mente do filho de Deus?

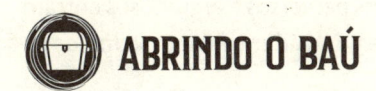 ABRINDO O BAÚ

Avalie nossa sociedade e sua própria vida à luz desses versículos de Provérbios. Pense em termos de filmes, novelas, esportes, música, notícias, brinquedos etc. Até que ponto você tem sido influenciado pela fascinação com a violência? Até que ponto você deve modificar seus hábitos de entretenimento?

 UMA ORAÇÃO

Ajuda-me, Senhor, a evitar as ondas de violência que caracterizam a nossa sociedade. Que meus valores e pensamentos sejam agradáveis a ti. Amém.

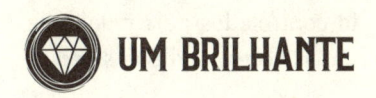 UM BRILHANTE

O homem bondoso faz bem a si mesmo,
mas o cruel a si mesmo se fere. (Provérbios 11:17)

2. NAS COISAS PEQUENAS

O homem cruel maltrata pequenos,
para ele, inocentes, são coisa de menos.

A crueldade geralmente reina onde homens perversos e orgulhosos entram em contato com pessoas humildes e pobres. Considere alguns exemplos de crueldade em ação:

- Indígenas são forçados a sair das suas terras quando ouro é descoberto ali.
- Fundos de socorro são desviados das vítimas de uma calamidade para o bolsa de espertalhões.
- Uma criança pobre morre quando o hospital recusa-se a tratá-la adequadamente.
- Milhões de dólares são gastos para salvar uma baleia encalhada na península ártica, enquanto esquimós se afogam no alcoolismo e na miséria.

O MAPA DO TESOURO

Provérbios descreve como os perversos são controlados pela crueldade, enquanto os justos sempre se preocupam com as necessidades dos pequeninos e desamparados ao seu redor.

> *O justo atenta para a vida dos seus animais,*
> *mas o coração dos perversos é cruel.* (Provérbios 12:10)

O ponto deste versículo não é tão ecológico quanto ético. Deus não se preocupa tanto com o bem-estar de animais quanto com a condição do coração humano. Uma pessoa revela a natureza do seu coração pela maneira que ela trata aqueles que não têm defesa, que podem retribuir bondade (ou se vingar de crueldade) ou reclamar de maus tratos. Os cruéis são tão ruins que mesmo seus atos de misericórdia são maldosos.

 ## CAVANDO FUNDO

1) Nós nos revelamos pela maneira como agimos quando ninguém está olhando, ou quando ninguém pode nos contrariar. O Novo Testamento diz que a fé genuína se manifesta no tratamento de órfãos e viúvas (veja Tiago 1:27). Quais são outros contextos em que revelamos como realmente somos?

2) Leia 1Coríntios 6:7,8. Os crentes de Corinto estavam prejudicando seus irmãos visando ao lucro pessoal. Em vez de explorar outras pessoas, qual deve ser a nossa atitude em disputas e contendas?

 ## ABRINDO O BAÚ

Reflita hoje em como você trata as pessoas fracas e sem defesa ao seu redor. Pense em termos de um colega de serviço ou escola, pessoas idosas na igreja, pessoas com deficiências físicas ou mentais. Pense também em termos do tratamento que você tem dado para animais.

 ## UMA ORAÇÃO

Senhor, ajuda-me a tratar outros com a mesma graça e compaixão que tu vivestes na terra. Que eu possa defender os fracos e sem defesa. Amém.

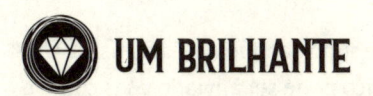 ## UM BRILHANTE

O homem bondoso faz bem a si mesmo,
mas o cruel a si mesmo se fere. (Provérbios 11:17)

3. PALAVRAS CRUÉIS

A arma mais potente,que destrói com crueldade:
é a língua venenosa que espalha a maldade.

O relacionamento entre Fernando e seu pai ficara tenso durante um bom tempo. Normalmente não havia hostilidade aberta; foi mais como uma Guerra Fria. Nenhum dos dois sabia quando nem como começou, mas cada um mantinha uma distância respeitosa e gelada do outro. Talvez por isso o pai ficou tão alegre quando Fernando perguntou se poderiam ir juntos conhecer uma universidade em que ele pensava estudar. Passaram o fim de semana no campus e, pela primeira vez em anos, o pai sentiu como se o gelo entre eles se derretesse. Depois de um longo inverno, parecia que a primavera estava chegando.

No caminho para casa, com a impressão de que o gelo havia derretido, o pai do Fernando virou para ele e exclamou:

— Filho, realmente foi ótimo estar com você. O fim de semana foi superlegal para mim. Realmente gostaria de fazer tudo outra vez se você quiser...

— Bom, pai, vamos lembrar que foi só um fim de semana em cinco anos — respondeu Fernando. — Não foi grande coisa...

E foi assim, com poucas palavras, que as primeiras folhas da primavera murcharam e morreram. Nem Fernando nem seu pai esqueceriam aquelas palavras cruéis.

O MAPA DO TESOURO

Crueldade no falar talvez seja mais difícil de suportar que violência física. Um band-aid aqui, gesso ali, e o sofrimento físico pode ser aliviado. Mas como é difícil colocar gaze e esparadrapo em um coração machucado, ou gesso em um espírito esmagado! Provérbios contrasta as palavras violentas de pessoas perversas que destroem a alma, com as palavras saudáveis do sábio:

As palavras dos perversos são emboscadas para derramar sangue,
mas a boca dos retos livra homens. (Provérbios 12:16)
Sobre a cabeça do justo há bênçãos,
mas na boca dos perversos mora a violência. (Provérbios 10:6)

Do fruto da boca o homem comerá o bem,
  mas o desejo dos pérfidos é a violência. (Provérbios 13:2)

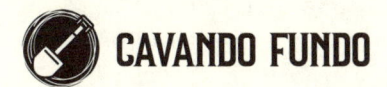
CAVANDO FUNDO

1) Você se lembra de um tempo em que foi cruel com suas palavras e machucou outra pessoa? Como você se sentiu? Como essa pessoa reagiu? Quais os resultados em seu relacionamento?
2) Leia Efésios 4:29. Que tipo de palavras Deus quer que falemos? Leia também Mateus 5:23,24. O que é mais importante para Deus do que ofertas e sacrifícios? Qual é a nossa responsabilidade quando descobrimos que ofendemos um irmão?

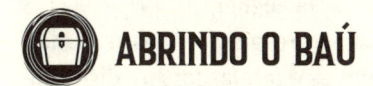
ABRINDO O BAÚ

Procure hoje só falar palavras positivas de encorajamento (não bajulação). Observe o efeito que essas palavras têm na vida de outras pessoas e na sua vida também.

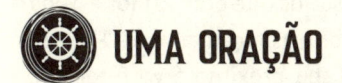
UMA ORAÇÃO

Pai, sei que já feri pessoas com minhas palavras.
Ajuda-me a usar palavras que incentivem, e nunca
palavras que destruam. Amém.

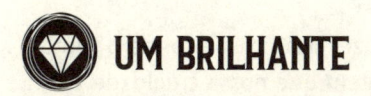
UM BRILHANTE

O homem bondoso faz bem a si mesmo,
  mas o cruel a si mesmo se fere. (Provérbios 11:17)

4. O EFEITO BUMERANGUE

Cedo ou tarde o cruel colhe fruto,
podre, amargo, como triste produto.

O pastor Élcio finalmente conseguiu captar a atenção de todos os adolescentes quando anunciou um quebra-gelo para o começo de um programa social. Foi chamado "Te Peguei". Ele deu as instruções:

— Todo mundo escreva o nome de alguém do grupo com quem gostaria de aprontar na folha de papel que receberam.

— Agora escrevam algo que gostariam que aquela pessoa fizesse na frente do grupo inteiro. Não sejam cruéis, lembrem-se de que alguém terá de fazer o que você pedir.

— Assinem seu nome e escrevam as palavras "Te Peguei".

Os adolescentes pensaram e escreveram entre gargalhadas e piadas. Muitos imaginavam a reação quando os nomes e tarefas fossem distribuídos: "Maria, beija sua irmã"; "Alexandre, coloque sua meia no nariz". "Talita, cante o Hino Nacional."

No final do tempo, o pastor Élcio ficou em pé.

— Agora passem as folhas para a pessoa à sua direita para serem lidas em voz alta. E mais uma coisa [...] esqueci de avisá-los que hoje vamos estudar o texto: "Faça aos outros o que quer que os outros façam a você". Por isso, quem vai fazer o que você "aprontou" com seu próximo é você mesmo! Te peguei!

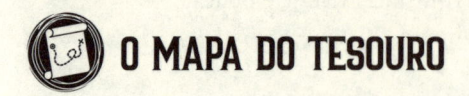 ## O MAPA DO TESOURO

Provérbios tem sua própria maneira de dizer "Não cuspa contra o vento!". Observe como estes versículos nos advertem que nossa crueldade tem a tendência de voltar contra nós mesmos:

> *O homem bondoso faz bem a si mesmo,*
> *mas o cruel a si mesmo se fere.* (Provérbios 11:17)

> *O homem carregado do sangue de outrem fugirá até à cova:*
> *ninguém o detenha.* (Provérbios 28:17)

Estes [pecadores] se emboscam contra o seu próprio sangue
e a sua própria vida espreitam. (Provérbios 1:18)

CAVANDO FUNDO

1) O que você entende pela frase: "O que vai, volta"? Você pode pensar em exemplos verdadeiros desse efeito bumerangue de crueldade humana?
2) Pense nas histórias de Caim e Abel (veja Gênesis 4) e Davi e Bate-Seba (veja 2Samuel 11). Como a crueldade de Caim e Davi voltou como fantasma para pairar sobre suas vidas? Como a cruz de Cristo e a graça de Deus se encaixam na história?
3) Gálatas 6:7 diz: "Não vos enganeis: de Deus não se zomba; pois aquilo que o homem semear, isso também ceifará". Como este versículo se aplica no contexto de crueldade?

ABRINDO O BAÚ

Que tal plantar hoje sementes de bondade fazendo algo inesperado a favor de alguém que talvez nem mereça?

UMA ORAÇÃO

Pai, ajuda-me a fazer pelos outros o que gostaria que fizessem por mim. Ensina-me a amar meu próximo como a mim mesmo. Guarda-me de atos de crueldade. Amém.

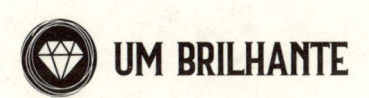

UM BRILHANTE

O homem bondoso faz bem a si mesmo,
mas o cruel a si mesmo se fere. (Provérbios 11:17)

MALÍCIA

I. CORAÇÕES MALVADOS

O coração mau que transpira corrupção,
procura machucar e recusa correção.

Você já ouviu frases como estas em sua casa? "Vou te mostrar..."; "Você espera só e vai ver..."; "Vou mostrar quem é o chefe..."; "Você vai receber em dobro!" "Alguém precisa colocá-lo em seu lugar!".

Todos esses "bilhetes de amor" têm uma coisa em comum: o desejo e plano de vingança. Cheios de fúria, prometem que o pior ainda está por vir: "Cuidado! Vou pegar você!". Conforme Provérbios, planos maus brotam do solo de um coração pervertido. Enquanto o fruto pode variar (pode ser um plano para colar em uma prova, vingança contra um inimigo, ou o engano de um cliente) a raiz é sempre a mesma – um coração pervertido.

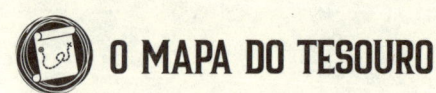 ## O MAPA DO TESOURO

Baseado na lista de Provérbios 6:16-19, a quarta coisa que aborrece o Senhor é o coração que trama projetos iníquos. Esta característica do perverso significa que seu coração está sempre planejando o mal. Conforme Provérbios 4:16, estas pessoas não dormem se não fizerem mal, e foge deles o sono se não fizerem tropeçar alguém. Veja essa descrição:

> *O homem de Belial, o homem vil,*
> *é o que anda com a perversidade na boca,*
> *acena com os olhos, arranha com os pés*
> *e faz sinais com os dedos.*
> *No seu coração há perversidade;*
> *todo o tempo maquina o mal;*
> *anda semeando contendas.* (Provérbios 6:12-14)

O sujeito cujo "coração planeja o mal" não consegue mascarar sua natureza verdadeira. Tem boca suja, olhos pervertidos, pés inquietos e dedos obcenos. A poluição de seu coração transpira pelos poros do seu corpo. Por isso, tudo que toca torna-se sujeira, e causa distúrbios aonde quer que for. Seu fim será um desastre. Sua única esperança é um transplante de coração feito pelo Grande Cirurgião – Cristo.

 ## CAVANDO FUNDO

1) Provérbios 14:22 diz: *"Acaso, não erram os que maquinam o mal? Mas amor e fidelidade haverá para os que planejam o bem"*. Você já observou pessoas planejando o mal na escola? Na comunidade? Na igreja? No serviço? No governo?
2) Romanos 13:14 nos aconselha a não fazer planos para agradar a carne (*Não façam planos para deleitar-se no mal* – Bíblia Viva). Quais seriam algumas formas práticas para enfrentar esse desafio?

 ## ABRINDO O BAÚ

Muitas vezes traçamos planos maus quando queremos nos vingar de alguém. Há alguém contra quem você tem planejado vingança? Você pode entregar ao Senhor esse desejo?

 ## UMA ORAÇÃO

Senhor, renova meu coração para andar nos caminhos que o Senhor escolheu para mim. Guarda-me de fazer planos que brotam de raízes de amargura, ciúmes, ira e vingança. Amém.

 ## UM BRILHANTE

Não tenhas inveja dos homens malignos, nem queiras estar com eles,
porque o seu coração maquina violência, e os seus lábios falam para o mal.

(Provérbios 24:1,2)

2. ENGANO

Meu coração se esconde para você não me ver;
mas os olhos do Senhor revelam o meu ser.

Abraão Lincoln, um dos mais famosos presidentes na história dos Estados Unidos, certa vez disse: "Você pode enganar algumas pessoas o tempo todo, e todas as pessoas algumas vezes, mas não pode enganar todas as pessoas o tempo todo". Infelizmente, ele se enganou. O presidente deve ter esquecido a natureza do coração humano, o mais perito e sutil na arte de engano do que o melhor mágico que o mundo já conheceu. De fato, é possível enganar todo mundo ao meu redor o tempo todo, mas é impossível enganar Aquele acima de mim sequer uma só vez. Talvez Lincoln devesse ter falado assim: "Pode-se enganar a si mesmo algumas vezes, e pode-se enganar todas as pessoas o tempo todo, mas não se pode enganar a Deus nunca".

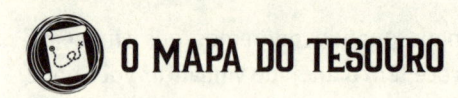 ## O MAPA DO TESOURO

Provérbios condena o coração enganoso, enquanto adverte suas próximas vítimas:

> *Como vaso de barro coberto de escórias de prata,*
> *assim são os lábios amorosos e o coração maligno.*
> *Aquele que aborrece dissimula com os lábios,*
> *mas no íntimo encobre o engano;*
> *quando te falar suavemente, não te fies nele,*
> *porque sete abominações há no seu coração.*
> *Ainda que o seu ódio se encobre com engano,*
> *a sua malícia se descobrirá publicamente.* (Provérbios 26:23-26)

Seria fácil apontar nosso dedo em direção àqueles tradicionalmente conhecidos como enganadores: políticos desonestos, inescrupulosos vendedores e líderes de seitas. Mas o profeta Jeremias lançou uma rede muito mais ampla quando declarou: *Enganoso é o coração, mais do que todas as cousas, e desesperadamente corrupto, quem o conhecerá?* (Jeremias 17:9). Respondendo à sua própria pergunta, ele expressou confiança na capacidade do Senhor em conhecer os pensamentos mais íntimos do homem: *Eu, o Senhor, esqua-drinho o coração, eu provo os pensamentos* (17:10). Antes de condenar os corrup-tos deste mundo, seria bom pedir que o Senhor faça um "eletrocardiograma" dos nossos próprios corações.

CAVANDO FUNDO

1) Você já foi enganado por alguém – talvez um vendedor, parente ou colega? Como você se sentiu? Depois, você ficou mais cauteloso, ou cético?
2) Você conhece bem o seu próprio coração? Leia Salmo 139 para entender o pedido de Davi para receber um coração transparente.
3) Leia Gálatas 6:7,8. Como algumas pessoas tentam enganar a Deus? Por quê elas acham que conseguem plantar um tipo de semente e colher outro tipo de fruto?

ABRINDO O BAÚ

Algumas pessoas são mais críticas dos outros do que de si mesmas, enquanto outras pessoas são tolerantes aos erros dos outros, mas conde-nam a si mesmas. Qual é a sua tendência? Como achar equilíbrio dentro da graça de Deus?

UMA ORAÇÃO

Pai, protege-me de lobos que me arrastariam para dentro das suas covas de engano. Ajuda-me a ser cauteloso sem ser duvidoso, criterioso sem ser crítico. Ajuda-me a achar em Cristo a cura para o engano. Amém.

 UM BRILHANTE

Não tenhas inveja dos homens malignos, nem queiras estar com eles,
porque o seu coração maquina violência, e os seus lábios falam para o mal
(Provérbios 24:1,2).

3. INVEJA DOS MAUS

Parece legal ter heróis do mundo,
mas o fim da história é um poço fundo.

Você já sentiu inveja de vizinhos, colegas ou amigos que não conheciam a Deus, mas eram muito bem-sucedidos na vida? Veja o testemunho de um homem que quase desistiu da fé pela mesma razão:

Por pouco não abandonei o caminho certo. Meu problema é que eu tinha inveja dos orgulhosos, vendo o sucesso e a felicidade dos maus. Para eles, a vida é tranquila e sem preocupações. Eles têm boa saúde, estão sempre gordos e fortes. Eles não precisam se cansar; nem passam pelos problemas e dificuldades dos outros homens. Por isso exibem seu orgulho como se fosse uma joia; por isso a violência cerca suas vidas como uma roupa cobre o corpo. Por causa de sua riqueza, seus olhos desejam tudo que seus corações imaginam. São perversos por natureza; conversam com muito orgulho sobre as suas maldades e mentiras. Fazem ameaças contra o próprio Deus e suas calúnias se espalham por toda a terra [...] Vejam bem o que acontece com os orgulhosos! Eles não precisam se esforçar; vivem tranquilos e suas riquezas aumentam a cada dia.

Será que foi à toa que me esforcei para não pecar e permanecer puro? Vejam qual foi o resultado: sofrimento e problemas durante toda a vida!

Até que um dia, quando estava no templo de Deus, entendi o triste destino reservado para essa gente. Deus os colocou em um caminho bastante liso, onde eles vão escorregando até caírem na mais completa destruição [...]. Quem desprezar a Deus será destruído; quem se afastar de Deus será castigado com a morte eterna. [...] Quanto a mim, eu acho maravilhoso viver bem perto de Deus. O Senhor Deus é a minha proteção (Salmo 73 – Bíblia Viva).

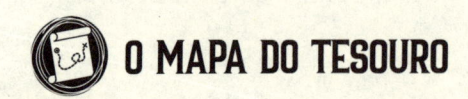 O MAPA DO TESOURO

Nada podia ser mais direto do que a advertência da sabedoria de não admirar os caminhos dos perversos.

Não tenhas inveja dos homens malignos,
nem queiras estar com eles,

porque o seu coração maquina violência,
    e os seus lábios falam para o mal. (Provérbios 24:1,2)

Não tenha o teu coração inveja dos pecadores;
    antes, no temor do Senhor perseverarás todo dia.
Porque deveras haverá bom futuro;
    não será frustrada a tua esperança. (Provérbios 23:17,18).

CAVANDO FUNDO

1) Muitos atualmente falam da importância de termos heróis em nossas vidas. Pense em algumas pessoas conhecidas que servem como modelos para você e sua família. Que tal um bilhete ou uma ligação, para um dos seus heróis, transmitindo uma palavra de encorajamento?
2) Leia 1Coríntios 15:33,34. Como a "má companhia" corrompe o "bom caráter"? Compare com Provérbios 13:20. Como invejar os maus têm levado alguns a serem parecidos com eles?

ABRINDO O BAÚ

Você assistiu algum filme ou programa de TV recentemente no qual pessoas violentas e más pareciam heróis? Preste atenção às notícias e outras formas de diversão e veja maneiras sutis nas quais a mídia, às vezes, enaltece um estilo de vida que não agrada a Deus.

UMA ORAÇÃO

Senhor Jesus, quero te imitar, e não aos perversos deste mundo. Guia-me em caminhos de justiça. Amém.

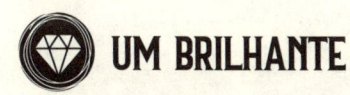 UM BRILHANTE

Não tenhas inveja dos homens malignos, nem queiras estar com eles,
    porque o seu coração maquina violência, e os seus lábios falam para o mal.
                                                        (Provérbios 24:1,2)

4. CORAÇÕES ENDURECIDOS

O coração mal que falta temor,
sofre a pena, e culpa ao Senhor.

Reflita sobre a fábula a seguir, pense nos paralelos do ser humano com coração endurecido e seu relacionamento com Deus:

Era uma vez um homem que tinha um bicho de estimação diferente: um camundongo, que ele amava de todo o coração. Mas o camundongo amava o queijo. O homem guardava o camundongo dentro de uma casinha, e o envolvia com todo o conforto que o coração de um camundongo podia desejar. O homem esculpiu uma portinha na parede para seu amiguinho e dava liberdade para ele entrar e sair como lhe agradava. E o homem dava queijo de vez em quando, mas somente o suficiente para um regime equilibrado. Mas o camundongo queria mais.

Com o passar do tempo, o camundongo pensava mais e mais sobre o queijo que tanto desejava. Finalmente não aguentava mais. Sem ninguém perceber, saiu da sua casinha e entrou no armário da cozinha, onde comeu um pouquinho de queijo. "Não é muito", ele pensou. "Ninguém vai reparar." Mas um "pouquinho" de queijo logo se tornou uma boca cheia, e depois uma pata cheia, até que um dia o camundongo comeu e comeu até quase não conseguir mais.

Foi então que ele ouviu um barulho, virou-se [...] e viu Silvestre, o gato. "Por que o homem o deixou entrar antes da hora?!", o camundongo reclamou. Ele abandonou o queijo que estava saboreando, mas não sem pegar outra fatia. De repente, o gato o viu e ele começou a correr para sua casinha, com o gato logo atrás. Quando chegou à porta, segundos antes do seu grande inimigo, descobriu que não conseguia mais passar por ela. Havia comido demais! Com um grito, o camundongo xingou o homem por ter feito uma porta tão estreita. E o gato Silvestre comeu o camundongo-recheado-de-queijo e viveu feliz para sempre.

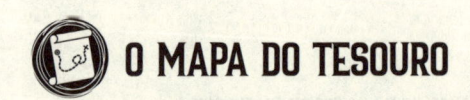 ## O MAPA DO TESOURO

Como essa fábula ilustra o que muitas vezes acontece no relacionamento entre os homens e Deus? Veja essa advertência que Provérbios dá ao coração endurecido que vira as costas para Deus e Sua Palavra, e se destrói no processo, mas depois culpa o próprio Deus:

A estultícia do homem perverte o seu caminho,
mas é contra o Senhor que o seu coração se ira. (Provérbios 19:3)

Feliz o homem constante no temor de Deus;
mas o que endurece o coração cairá no mal. (Provérbios 28:14)

 ## CAVANDO FUNDO

1) Você pode criar uma aplicação moral para a fábula descrita?
2) Leia Romanos 1:18-32. O que Deus já revelou a cada coração? O que acontece quando o homem endurece seu próprio coração?

 ## ABRINDO O BAÚ

Você se lembra de alguém cujo pecado levou a um grande sofrimento, mas que jogou toda a culpa em Deus? Afinal de contas, qual a causa do sofrimento no mundo?

 ## UMA ORAÇÃO

Senhor, quebranta meu coração para que eu seja humilde e grato. Não permita que os calos do pecado endureçam meu coração. Ajuda-me a ver os muitos sinais do Teu amor ao meu redor. Amém.

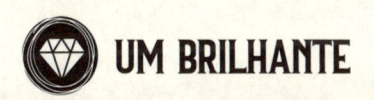 ## UM BRILHANTE

Não tenhas inveja dos homens malignos, nem queiras estar com eles,
porque o seu coração maquina violência, e os seus lábios falam para o mal.

(Provérbios 24:1,2)

PERVERSIDADE

I. PERVERSO POR PRAZER

Pés que se apressam a correr para o mal,
buscam inocentes com fim infernal.

Tudo começou como uma brincadeira. Os rapazes do bairro pensavam em se divertir à custa de alguns de seus vizinhos idosos. Encontraram-se como sempre por volta das 21h na esquina e planejaram suas aventuras. Alguém deu a sugestão: bombardear algumas casas com ovos. Logo isso foi unânime. As primeiras bombas foram clássicas. Um morador ameaçou chamar a polícia quando um ovo sujou sua janela da sala de estar, e outro saiu atrás deles com um bastão, mas isso só tornou a brincadeira mais divertida.

Finalmente, um dos rapazes teve uma ideia. Alguém bateu palmas fora da casa do sr. Adams. Quando o idoso abriu a porta, foi atingido por dois ovos lançados com precisão, um no rosto e o outro na perna. Mas quando de repente ele se curvou no chão não foi seu rosto nem perna que agarrou, mas seu peito, justamente, seu coração. Momentos depois estava prostrado no chão, sendo atendido pela sua esposa em soluços, enquanto os rapazes corriam como nunca haviam corrido.

O MAPA DO TESOURO

O quinto pecado na lista divina de "Coisas Aborrecidas" é a perversidade, ou pés que se apressam a correr para o mal (Provérbios 6:18). Provérbios adverte contra pessoas que seguem caminhos perversos que levam para sua própria destruição – e a destruição de outros.

> *Filho meu, se os pecadores querem seduzir-te, não o consintas [...]*
> *não te ponhas a caminho com eles;*
> *guarda das suas veredas os teus pés;*
> *porque os seus pés correm para o mal*
> *e se apressam a derramar sangue.* (Provérbios 1:10,15,16)

 **CAVANDO FUNDO**

1) O que significa a expressão: "Estava no lugar errado na hora errada"? Como pessoas se encrencam pela associação a outros que são conhecidos como rebeldes?
2) Que tipo de pressão você sofre dos seus colegas? Por que é difícil resistir a essa pressão?
3) Como José de Arimateia e Nicodemos finalmente superaram a pressão negativa (veja João 18:38-42)? O que fizeram? Por quê?

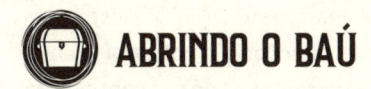 **ABRINDO O BAÚ**

Fique atento hoje à pressão exercida sobre você pelos seus amigos, colegas e outros, para fazer o que é contra a Palavra de Deus. Peça força a Ele para resistir o que sua consciência diz ser errado.

 **UMA ORAÇÃO**

Guarda-me, Senhor, de ser tão ingênuo para pensar que posso brincar com fogo sem me queimar. Ajuda-me a identificar aqueles que têm prazer na maldade. Ensina-me a resistir à pressão negativa dos meus colegas. Amém.

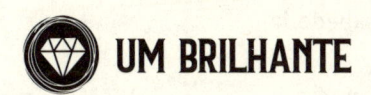 **UM BRILHANTE**

Filho meu, se os pecadores querem seduzir-te, não o consintas... (Provérbios 1:10)

2. DESVIOS

A vontade de Deus é reta e brilhante,
o caminho dos maus é sempre errante.

Pinóquio cantava e assobiava enquanto ia ao mercado, e as moedas do seu pai Gepeto em seu bolso acompanhavam a melodia. Mas a raposa esperta e o gato experiente logo o convenceram a gastar o dinheiro comprando balas, que os dois furtaram dele momentos depois.

Em seguida, o sinistro duo convenceu seu "amigo" cabeça-de-pau a comprar ingressos inválidos para um show de marionetes. Ali, o mestre dos fantoches Stromboli seduziu Pinóquio, que ficou preso em uma gaiola. Pinóquio conseguiu escapar, mas outra vez ignorou a voz de sua consciência enquanto curtia uma vida de luxo na ilha Paraíso. Orelhões de jumento e um nariz-tamanho-cenoura foram seus galardões. Somente quando viu as consequências da tolice na vida de outros meninos burros é que ele decidiu voltar ao caminho estreito, e acabou salvando seu pai da morte. Foi então que se tornou um menino de verdade.

O MAPA DO TESOURO

Pinóquio se desviou do caminho estreito e reto para entrar em atalhos tortos de engano e corrupção. Ele se tornou um fantoche dos enganadores, que o levaram por desvios desastrosos e longe do seu alvo. Provérbios adverte contra o perigo de desvios no caminho de sabedoria:

> *O bom siso te guardará, e a inteligência te conservará;*
> *para te livrar do caminho do mal*
> *e do homem que diz cousas perversas;*
> *dos que deixam as veredas da retidão,*
> *para andarem pelos caminhos das trevas;*
> *que se alegram em fazer o mal,*
> *folgam com as perversidades dos maus,*
> *seguem veredas tortuosas e se desviam nos seus caminhos.* (Provérbios 2:11-15)

Pondera a vereda de teus pés,
  e todos os teus caminhos sejam retos.
Não declines nem para a direita nem para a esquerda;
  retira o teu pé do mal. (Provérbios 4:26,27)

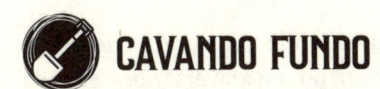

CAVANDO FUNDO

1) Leia Provérbios 3:5,6. Qual é o requisito para seguir caminhos retos e planos para nossos pés? Qual o perigo em "estribar-se no seu próprio entendimento"?
2) O que significa ficar "fora da vontade de Deus"? Uma vez que alguém fica fora dessa vontade, é possível voltar? Como?
3) Três vezes no Novo Testamento lemos a frase "esta é a vontade de Deus". Leia 1Tessalonicenses 4:3-8; 5:16-18 e 1Pedro 2:13-15 para descobrir alguns aspectos claros da sua vontade.

ABRINDO O BAÚ

Alguém está tentando tirar você dos retos caminhos do Senhor? Pode ser um amigo, colega, namorado ou namorada, ou até mesmo um pai que não conhece o Senhor. Pense bem como você vai reagir na próxima vez que enfrentar essa tentação.

UMA ORAÇÃO

Bondoso Deus, dá-me sabedoria e discernimento para manter meus pés no caminho reto e estreito. Que a bússola da Tua Palavra me guie nas veredas da sabedoria. Guarda-me de atalhos e caminhos tortos que levam ao pecado e sofrimento. Amém.

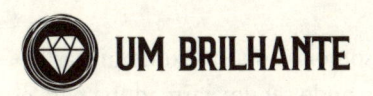

UM BRILHANTE

Filho meu, se os pecadores querem seduzir-te, não o consintas... (Provérbios 1:10)

3. ARMADILHAS

O prudente fareja de longe o perigo,
evita armadilhas que vêm do inimigo.

Alguma coisa estava errada. Tiago estava voltando mais tarde que o normal do colégio com a nova moto que ganhara no seu aniversário. A estrada estava escura e quieta demais, e Tiago sabia que ultimamente havia acontecido muitos assaltos naquela região. Foi então que viu um galho grande caído no meio da rua, bloqueando-a quase que totalmente.

Com seu sexto sentido operando à base de adrenalina, ele acelerou e com o embalo conseguiu pular o obstáculo, quase perdendo o controle do veículo. Assim que dominou a moto, olhou para trás e viu três homens saindo do mato e xingando-o por ter frustrado os seus planos maus. Tiago respirou fundo e deu graças a Deus pela Sua proteção.

 ## O MAPA DO TESOURO

Um dos benefícios do estudo de princípios da Palavra de Deus no livro de Provérbios é que muitas vezes nos dá um sexto sentido sobre armadilhas escondidas nos caminhos da vida.

> *Filho meu, não se apartem estas cousas dos teus olhos;*
> *guarda a verdadeira sabedoria e o bom siso [...].*
> *Então, andarás seguro no teu caminho,*
> *e não tropeçará o teu pé [...].*
> *Não temas o pavor repentino,*
> *nem a arremetida dos perversos, quando vier.*
> *Porque o Senhor será a tua segurança e*
> *guardará os teus pés de serem presos.* (Provérbios 3:21,23,25,26)

 ## CAVANDO FUNDO

1) Provérbios 29:5 diz. O homem que lisonjeia a seu próximo arma-lhe uma rede aos passos. Como a bajulação pode ser uma armadilha para o insensato?

2) Leia 2Pedro 2:1-3 e 3:17-18. Qual é uma das maiores armadilhas que o cristão enfrenta? Como pode ser evitada?

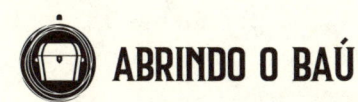 ABRINDO O BAÚ

Você pode pensar em uma situação em que sua compreensão de um princípio bíblico lhe deu um sexto sentido sobre um perigo iminente? Há alguma área em sua vida agora onde você está farejando o mal?

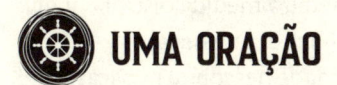 UMA ORAÇÃO

Pai, ensina-me a usar os princípios da tua Palavra para detectar laços perigosos no meu caminho. Faz-me sábio para ver as armadilhas que me ameaçam diariamente. Amém.

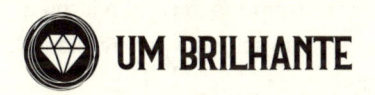 UM BRILHANTE

Filho meu, se os pecadores querem seduzir-te, não o consintas... (Provérbios 1:10)

4. PECADOS ESCONDIDOS

O perverso vagueia por atalhos escuros,
buscando ofuscar caminhos impuros.

Havia dois casos de disciplina na igreja por imoralidade, mas que receberam tratamentos totalmente diferentes. No primeiro caso, uma jovem confessou à esposa do pastor que havia mantido um relacionamento íntimo com seu namorado não-crente. Profundamente arrependida, ela entregou seu cargo como vice-presidente da mocidade e se submeteu à medida disciplinar que a igreja decidisse, inclusive uma confissão pública diante da igreja.

No outro caso, um dos conselheiros da mocidade descobriu por acaso que um casal que ajudava no conjunto de louvor também havia ultrapassado os limites em seu namoro. Na primeira confrontação negaram tudo, acusando o autor do boato como mentiroso e fofoqueiro e ameaçando abrir um processo por difamação. Mas duas semanas depois os pais da moça revelaram ao pastor que tudo era verdadeiro. Quando confrontado, o casal relatou a verdade, mas já era tarde demais. O tratamento do seu caso pela igreja foi bem mais severo.

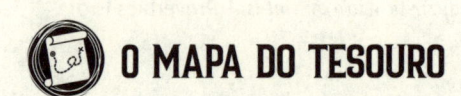 ## O MAPA DO TESOURO

Provérbios nos adverte contra caminhos tortuosos que levam ao pecado. Os perversos acham que conseguem apagar suas pegadas sanguíneas das trilhas da vida, mas são grandemente enganados. Mais cedo ou mais tarde, pés perversos acabam em algemas.

> Quem anda em integridade anda seguro,
>   mas o que perverte os seus caminhos será conhecido. (Provérbios 10:9)

> O que encobre as suas transgressões jamais prosperará;
>   mas o que as confessa e deixa alcançará misericórdia. (Provérbios 28:13)

A justiça sempre tem mais compaixão sobre o indivíduo que confessa seu pecado do que sobre aquele que somente "se arrepende" depois de ser pego. Melhor ainda seria nunca vaguear pelos caminhos do mal!

 ## CAVANDO FUNDO

1) Você consegue se lembrar de ilustrações bíblicas do princípio de que nosso pecado há de nos achar? (Veja Números 32:23.) Pense sobre personagens como Adão e Eva, Caim, Abraão, os irmãos de José, Acã Saul, Davi, Ananias e Safira. Quais foram as consequências em cada caso?
2) Provérbios 6:28 nos adverte contra a imoralidade quando pergunta: andará alguém sobre brasas, sem que se queimem os seus pés? Como este versículo se relaciona com a ideia de pés que procuram esconder seu pecado?
3) Leia 1Timóteo 4:1,2. O que significa ter uma consciência cauterizada? Como acontece? Como podemos evitar esse tipo de consciência?

 ## ABRINDO O BAÚ

O Espírito Santo tem revelado ao seu coração algum pecado que você tem escondido, mas precisa confessar e acertar? Que tal pedir a Deus a coragem de fazê-lo ainda hoje?

 ## UMA ORAÇÃO

Pai, guarda-me de uma consciência endurecida que esconde ou ignora o pecado. Faze-me sensível ao teu Espírito, e ajuda-me a confessar e renunciar ao pecado assim que eu o reconheça em minha vida. Amém.

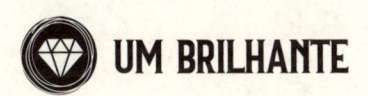 ## UM BRILHANTE

Filho meu, se os pecadores querem seduzir-te, não o consintas... (Provérbios 1:10)

CAPÍTULO QUATRO

ISTO E AQUILO

FELIZ COM O MANDACHUVA

I. PAIS

*Ouça, filho meu, a voz do Pai celeste
falando por intermédio do teu pai terrestre.*

Cristiane sentiu-se quase paralisada pelos acontecimentos da última semana. Ela havia discutido com seus pais – de novo. E o que era pior, outra vez eles estavam com a razão. Quando saiu de casa, bateu a porta com tanta força que um prato especial de sua mãe caiu do armário e se despedaçou no chão. "Quem é que eles acham que são?", pensou ela. "Já tenho 15 anos, e sei muito bem com quem devo ou não namorar. E eu vou namorar com o Gil!"

Ela conseguiu ficar com Gil, sem eles perceberem. Às vezes mentia que estava passeando com amigas, e outras vezes escapava pela própria janela do seu quarto para ficar com ele. Seu namoro escondido ficava então mais misterioso, mais romântico [...] até a última quarta-feira, quando sem mais, nem menos, Gil decidiu que queria conhecer outras garotas. Foi assim que o mundo de Cristiane desmoronou.

 ## O MAPA DO TESOURO

A Bíblia deixa claro que os pais falam como representantes de Deus. Por isso, o filho sábio ouve a voz deles como se fosse a voz do Senhor. O contraste entre o filho sábio e o tolo fica nítido em Provérbios:

> *O filho sábio alegra a seu pai,*
> *mas o filho insensato é a tristeza de sua mãe.* (Provérbios 10:1)

> *O filho sábio alegra a seu pai,*
> *mas o homem insensato despreza a sua mãe.* (Provérbios 15:20)

 ## CAVANDO FUNDO

1) Leia sobre a vida de Absalão (veja 2Samuel 15:1-12). Como ele causou tristeza a seu pai? Como a história terminou? (veja 2Samuel 17:4–18:33).
2) Leia 1Timóteo 5:4,8. Como os filhos devem alegrar a seus pais na velhice?

 ABRINDO O BAÚ

Faça uma lista das coisas que causam tristeza aos pais. Por quê? Faça outra lista das coisas que alegrariam esses pais e procure pôr em prática pelo menos um desses itens.

 UMA ORAÇÃO

Senhor, ajuda-me a ser filho sábio, e que eu ouça o conselho dos pais e lhes dê alegria todos os seus dias! Amém.

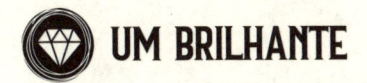 UM BRILHANTE

Teme ao Senhor, filho meu, e ao rei
e não te associes com os revoltosos. (Provérbios 24:21)

2. GOVERNO

Quem anda com o homem revoltado
logo, logo será castigado.

Robson estava passeando no shopping quando encontrou Júlio, um colega da escola.

— Oi, cara, tá só? — Júlio perguntou.

— É . E você?

— Também, mas tô mudando minha sorte. Tô motorizado e vou procurar algum agito. Tá dentro?

— S ei não, meu. Não sabia que você já tinha carteira...

— Quem falou sobre carteira? O coroa tá viajando e deixou as chaves comigo! Vamos, vai ser uma noite inesquecível!

— Tudo bem. Tá tudo paradão mesmo.

Depois de uns 30 minutos no centro, os dois decidiram visitar alguns amigos que moravam mais longe. Mas quando estavam chegando perto da casa deles, passaram pelo posto da Polícia Rodoviária. O guarda fez sinal para eles pararem. Naquele instante, Júlio pisou no acelerador e o carro saltou para a frente.

— O que está fazendo!? — gritou Robson tentando superar o barulho do motor.

— Temos de correr, se me pegam sem carteira mais uma vez, tô frito! O velho me mata!

— Mas eles vão nos pegar! — Robson viu dois carros da Polícia entrando na pista mais adiante.

— Nunca! Já estamos a 130 quilômetros por hora! Vamos ver até onde este "animal" vai. Uau, que potência!

Duas horas depois, os bombeiros finalmente conseguiram retirar o carro de debaixo de um caminhão. Descobriram "até onde o animal fora capaz de ir". O velocímetro havia parado, preso, a 140 quilômetros por hora. Pena que os rapazes não souberam.

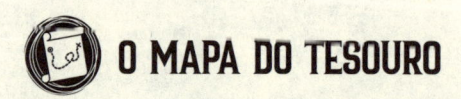 O MAPA DO TESOURO

Deus constituiu autoridades para estabelecerem leis para o bem de todos. Ignorar e desobedecer essas leis é desobedecer ao próprio Deus. O rebelde que se acha mais esperto do que as autoridades pagará o preço – mais cedo ou mais tarde. Quem tem ouvidos, ouça!

Teme ao Senhor, filho meu, e ao rei
e não te associes com os revoltosos.
Porque de repente se levantará a sua perdição,
e a ruína que virá daqueles dois, quem a conhecerá? (Provérbios 24:21,22)

 ## CAVANDO FUNDO

1) Leia 1Pedro 2:13-17 e Hebreus 13:17. Quais as responsabilidades do cristão perante as autoridades civis e espirituais? Há exceções de quando o cristão não deve obedecer?
2) Leia Romanos 13:1-7 e Deuteronômio 7:12,13. Por quê o crente deve obedecer às autoridades? Quem as constituiu? Qual o perigo para a comunidade quando não há obediência?

 ## ABRINDO O BAÚ

Quais são algumas desculpas que as pessoas usam para desobedecer às leis? Procure ser especialmente sensível hoje à sua obediência ou desobediência às autoridades em sua vida.

 ## UMA ORAÇÃO

Ó Deus, nosso mundo é tão corrupto que às vezes é muito difícil não sermos totalmente contaminados por ele. Ensina-me a não sofrer a influência dos rebeldes, mas sim influenciá-los para tua glória. Amém.

 ## UM BRILHANTE

Teme ao Senhor, filho meu, e ao rei
e não te associes com os revoltosos. (Provérbios 24:21)

3. PACIÊNCIA

Confia em Deus esperando sua hora,
descansa em paz mesmo na demora.

Durante nove anos Míriam havia pedido a seu pai permissão para estudar no seminário, uma exigência da escola e uma convicção do seu coração. Por nove anos ele havia recusado. Mesmo assim, ela continuou orando para que Deus mudasse o coração do pai e concedesse seu desejo.

Finalmente chegou o dia em que, sem explicação alguma, ele assinou a carta de autorização. Por "coincidência", foi justamente naquele ano que Míriam encontrou Steve, recém-chegado no Seminário. No ano seguinte, se casaram. Atualmente, além de ter concluído seus estudos teológicos, Míriam já realizou outros sonhos – ser esposa, mãe, dona-de-casa, e obreira na obra do Senhor. Valeu a pena esperar!

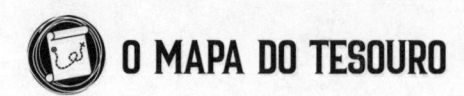

O MAPA DO TESOURO

Você já sentiu um desejo tão forte que não admitia a possibilidade de não realizá-lo? O conselho maduro de Provérbios pede paciência para esperar o tempo de Deus, e até persuadir as autoridades em nossas vidas:

> *A longanimidade persuade o príncipe,
>   e a língua branda esmaga ossos.* (Provérbios 25:15).

Muito mais se ganha pela brandura e paciência ao lidar com as autoridades em nossas vidas do que pela insistência e rebeldia! Melhor não realizar sonhos do que atingi-los por meios indevidos. Esse versículo diz que a paciência e a brandura podem até esmagar ossos, ou seja, fazer o impossível e acabar com a resistência das autoridades!

CAVANDO FUNDO

1) O quê você teria feito no lugar de Míriam? Você concorda com a submissão dela diante de seu pai?

2) Leia Deuteronômio 21:18-21. Por que o castigo exigido nesse texto para o filho rebelde foi tão severo? Qual foi o perigo para a comunidade (v. 21)?
3) Leia Efésios 6:2,3. É possível obedecer sem honrar? Há alguma época em que o filho pode parar de obedecer a seus pais? Há um tempo de parar de honrá-los?

 ## ABRINDO O BAÚ

Quem são as autoridades em sua vida? Esteja atento hoje às suas atitudes e reações para com elas. Pense em como elas podem ser instrumentos de Deus em sua vida.

 ## UMA ORAÇÃO

Obrigado, Senhor, pela sabedoria de nossas autoridades.
Ajuda-me a ter paciência, aguardando o teu tempo e a tua direção por intermédio do conselho deles. Ajuda-me a obedecer e a honrá-los dentro da tua vontade. Amém.

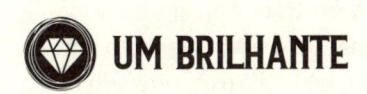 ## UM BRILHANTE

Teme ao Senhor, filho meu, e ao rei
e não te associes com os revoltosos. (Provérbios 24:21)

4. A SOBERANIA DE DEUS

Deus pode mudar do rei o coração,
pois Ele é quem guia toda raça e nação.

Raquel entrou em seu quarto, jogou-se na cama, e derramou lágrimas no travesseiro. "Depois de tantos anos de treino, me acontece isso?", chorou soluçando. "Por favor, Deus, faça alguma coisa!"

Naquela tarde Raquel recebera a notícia de sua classificação nas provas nacionais de natação, nos 200 metros clássico. Era o ponto alto de sua carreira como nadadora depois de dez anos de treino. Só que as provas foram marcadas para domingo, dia 23. Este, justamente, era o primeiro dia da viagem missionária para a Bolívia que a mocidade de sua igreja programara havia meses. Raquel tinha o compromisso de ir, pois era ela quem estava coordenando toda a viagem!... "E agora, Senhor, o que eu faço?", chorou em sua cama.

O MAPA DO TESOURO

Você acredita que nada e ninguém podem frustrar os planos e a vontade de Deus? Acima de toda autoridade humana, Deus está assentado em seu trono como "Rei dos reis" e "Senhor dos senhores". Veja o que Provérbios diz a respeito.

> *Como ribeiros de águas*
> *assim é o coração do rei na mão do Senhor;*
> *este, segundo o seu querer, o inclina.* (Provérbios 21:1)

Com o conforto deste versículo o crente pode descansar, pois sabe que Deus é maior do que as circunstâncias. Se for de sua vontade, pode mover o coração do homem para cumprir seus propósitos. Pode ser o técnico de um time, uma professora ou diretora da escola, um patrão, o prefeito, ou até mesmo o presidente da República – não importa, pois Deus é maior do que todos esses. E se Deus não atender ao nosso pedido, podemos confiar na certeza de que Ele sabe o que é melhor para nós.

CAVANDO FUNDO

1) Deus poderia mover o coração dos diretores da competição para que Raquel pudesse participar? O que você acha que ela deveria fazer? E se eles não mudassem a data?
2) Leia a declaração do rei Nabucodonosor depois de ser deposto e restaurado como rei em Daniel 4:28-37. Como essas verdades consolam o cristão?
3) Leia 1Timóteo 2:1-4. Se Deus é quem constitui e controla os corações dos líderes civis, qual deve ser a atitude do cristão para com eles?

ABRINDO O BAÚ

Pense em uma área de sua vida em que seus planos parecem ter sido frustrados. Você pode confiar hoje que Deus tem tudo sob controle? Que tal expressar sua confiança no plano perfeito dele?

UMA ORAÇÃO

Louvo-te, ó Deus, pelo teu domínio sobre governos e autoridades. Confio em teu poder para transformar o coração daqueles que tu mesmo colocaste na liderança. Que tua vontade seja feita na terra, como no céu. Amém.

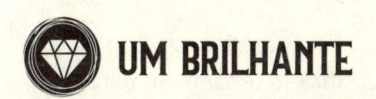

UM BRILHANTE

Teme ao Senhor, filho meu, e ao rei
e não te associes com os revoltosos. (Provérbios 24:21)

DE BRAÇOS CRUZADOS

I. O CARÁTER DO PREGUIÇOSO

O preguiçoso inventa muitas desculpas,
evita trabalho por razões malucas.

Tio Mário havia chegado para fazer uma breve visita à família Mendes. Mas já se passara um mês, e ele ainda estava lá. Chegou a hora de uma pequena reunião familiar.

— Pai, quero meu quarto de volta! — reclamou Júnior. — Nunca consigo pegar minhas coisas porque o tio sempre está dormindo.

— Já sei, filho. Mas ele diz que está com uma doença que o deixa sem energia — disse o pai.

— Veja só — começou a mãe —, eu não aguento mais um minuto com esse homem em minha casa. Desde que ele chegou, eu me tornei sua empregada particular. Não levanta nem um dedinho para ajudar em casa. Estou até aqui...

— Tá certo, querida. Ele já era assim quando criança, cheio de desculpas para fugir do trabalho. Mas confesso que até antes deste mês nunca havia visto alguém que tinha tantos males. Pressão alta, pressão baixa, problemas na coluna, etc... Não duvido nada se amanhã ele disser que está grávido!

— Se depender de mim — interrompeu a esposa — não haverá "amanhã" aqui para esse preguiçoso!

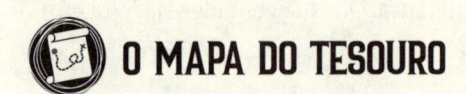 O MAPA DO TESOURO

Uma das personagens mais irritantes tanto em Provérbios quanto na vida real é o preguiçoso. Para nos ajudar a identificá-lo (e também para fazermos uma autoavaliação) o livro descreve algumas de suas características de maneira irônica.

> *Diz o preguiçoso: Um leão está no caminho; um leão está nas ruas.*
> *Como a porta se revolve nos seus gonzos, assim, o preguiçoso, no seu leito.*
> *O preguiçoso mete a mão no prato e não quer ter o trabalho de a levar à boca.*
> *Mais sábio é o preguiçoso a seus próprios olhos do que sete*
> *homens que sabem responder bem. (Provérbios 26:13-16)*

Descobrimos pelo menos quatro características do preguiçoso nesse texto.

1) Vive inventando desculpas (até absurdas) para não trabalhar.
2) Está viciado em preguiça – o máximo de esforço que ele faz é virar-se na própria cama!
3) Não tem iniciativa própria – espera que o mundo o sirva, porém nem a si mesmo serve.
4) Tem espírito crítico para com todos – menos consigo mesmo.

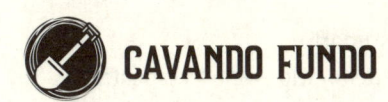 ## CAVANDO FUNDO

1) Como lidar com o preguiçoso? O que sua família faria com o tio Mário? Há esperança para ele? E para a família?
2) Leia 2Tessalonicenses 3:6,10-12. Qual foi o conselho de Paulo quanto aos preguiçosos? Como esses princípios se aplicam atualmente?

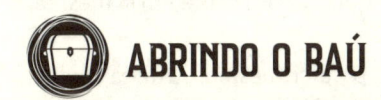 ## ABRINDO O BAÚ

Você pode tomar a iniciativa de servir alguém hoje, talvez realizando algo que normalmente procuraria alguma desculpa para não fazer?

 ## UMA ORAÇÃO

Senhor, livra-me de desculpas para escapar do trabalho.
E também, mostra-me como lidar com pessoas preguiçosas na escola, na igreja, no serviço e em minha família. Amém.

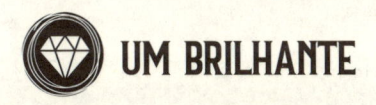 ## UM BRILHANTE

A preguiça faz cair profundo sono,
e o ocioso vem a padecer fome. (Provérbios 19:15)

2. SONO, DOCE SONO

O sono profundo do preguiçoso,
fruto é de ser ocioso.

Quando Débora ouviu o despertador, a luta interior começou...

— Sete horas, já? Preciso acordar – pensou.

— Mas você está exausta. Precisa de descanso – disse uma voz em sua cabeça.

— E a prova de matemática? Tenho de estudar!

— Ainda há tempo; ninguém acorda neste horário – veio a resposta.

— Foi isso que pensei ontem e perdi minha carona para a escola – argumentou.

— Somente quinze minutos mais. Quinze minutos não são nada.

E assim encerrou a discussão. Quando Débora pensou que o tempo estipulado havia passado, forçou-se a abrir os olhos, estendeu os braços, chutou o cobertor para o chão, e logo em seguida quis dar um chute em si mesma. Já eram 9h35 e ela havia perdido a prova!

— E agora? O que adianta? – reclamou para si mesma, irritada. Então, pegou o cobertor do chão e voltou pra cama.

O MAPA DO TESOURO

Quase todos nós temos dificuldades para acordar em algum momento. Quem não odeia o som do despertador que tira de nós minutos deliciosos de descanso e paz? Quantas famílias começam o dia brigando por causa das pequenas irritações que caracterizam o amanhecer? Provérbios nos adverte contra a paralisia causada pela sedução do sono.

> *A preguiça faz cair em profundo sono,*
> *e o ocioso vem a padecer fome.* (Provérbios 19:15)

> *Não ames o sono, para que não empobreças;*
> *abre os teus olhos e te fartarás do teu próprio pão.* (Provérbios 20:13)

O preguiçoso não consegue romper as correntes de ferro que prendem seus olhos. Por falta de disciplina, pensa ganhar alguns minutos no leito, mas perde vida preciosa. Conforme esses versículos.

- A preguiça nos leva a um sono excessivo que, por sua vez, tira-nos a vida e nosso tempo precioso.
- Se a pessoa não quebrar esse ciclo vicioso, terminará na pobreza.

 ## CAVANDO FUNDO

1) Há membros de sua família que começam o dia mal-humorados? Vocês conversam em família sobre a hora de acordar? Como poderiam evitar situações desagradáveis no começo do dia?
2) Avalie esta afirmação. "Dormir de menos ou demais é pecado". Quantas horas você precisa dormir para realmente ter bom desempenho? Leia 1Coríntios 6:19,20 e Efésios 5:15,16. Dê alguns passos concretos para encontrar um equilíbrio nessa área.

 ## ABRINDO O BAÚ

Que horas você precisa acordar pela manhã para realmente começar o dia bem? Que tal acertar o despertador agora? Não esqueça de ir dormir em uma hora adequada.

 ## UMA ORAÇÃO

Senhor, obrigado pelo refrigério do descanso e do sono.
Mas, por favor, dá-me força e disciplina necessárias para sair da cama na hora certa. Faça com que eu viva em paz, sem conflitos com meus familiares nessa área da minha vida. Amém.

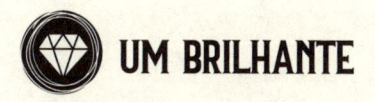 ## UM BRILHANTE

A preguiça faz cair profundo sono,
e o ocioso vem a padecer fome. (Provérbios 19:15)

3. DILIGÊNCIA X PREGUIÇA

O preguiçoso não sai do seu leito
e faz seu serviço de qualquer jeito.

Veja se você consegue identificar a tribo brasileira que:

- Insiste que algumas de suas fêmeas não se casem, mas que trabalhem a vida inteira servindo à comunidade como operárias.
- Forma comunidades em que as crianças são propriedade comum da aldeia.
- Não tem cacique algum ou outro chefe, mas mesmo assim possui uma organização funcional sem discussão ou anarquia.
- Trabalha de sol a sol, caçando e ceifando.
- É conhecida pelo desenvolvimento muscular tanto dos machos quanto das fêmeas, mesmo sendo um povo pequeno.

Conseguiu identificar? Essa tribo é uma das maiores do Brasil, chamada pelos biólogos por meio de seu nome técnico Formicideia. Mas nós a conhecemos pelo nome comum. Formiga.

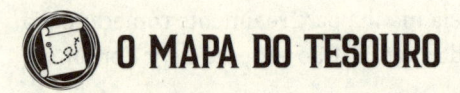 ## O MAPA DO TESOURO

Provérbios usa a formiga para ensinar alguns princípios ao preguiçoso:

Vai ter com a formiga, ó preguiçoso,
considera os seus caminhos e sê sábio.
Não tendo ela chefe, nem oficial, nem comandante,
no estio, prepara o seu pão,
na sega, ajunta o seu mantimento.
Ó preguiçoso, até quando ficarás deitado?
Quando te levantarás do teu sono?
Um pouco para dormir, um pouco para
tosquenejar, um pouco para encruzar os braços em repouso,
assim sobrevirá a tua pobreza como um ladrão,
e a tua necessidade, como um homem armado. (Provérbios 6:6-11)

Nestes versículos encontramos alguns contrastes entre a diligência da formiga e a sonolência do preguiçoso.

- A formiga tem iniciativa própria; o preguiçoso não.
- A formiga trabalha por conta própria; o preguiçoso precisa que alguém vigie seu trabalho.
- A formiga tem sabedoria e diligência para fazer provisão para o futuro; o preguiçoso só pensa nas delícias do sono presente.

 ## CAVANDO FUNDO

1) Seus pais lhe ensinaram diligência e dedicação no serviço? Você tem (ou tinha) tarefas para realizar em casa? Você tem dado um bom exemplo em seu emprego, em casa, na escola?
2) Leia Colossenses 3:22-24. Você é dedicado no que faz? Ou precisa ser vigiado, como o preguiçoso? Como Deus deseja que trabalhemos?

 ## ABRINDO O BAÚ

De que maneira projetos inacabados refletem a preguiça? Quais são alguns projetos que você começou, mas ainda não terminou? Pode traçar planos hoje para completar pelo menos um deles?

 ## UMA ORAÇÃO

Ó Deus, dá-me diligência, iniciativa e sabedoria como a formiga. Poupa-me, Senhor, da miséria que é fruto da nossa própria preguiça. Amém.

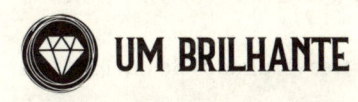 ## UM BRILHANTE

A preguiça faz cair profundo sono,
e o ocioso vem a padecer fome. (Provérbios 19:15)

4. O FIM DO PREGUIÇOSO

Um pouco aqui e um pouco assim, os preguiçosos
não terminam nunca os projetos grandiosos.

— Sidney, venha cá neste instante! — gritou o pai a seu filho que estava brincando na rua. — Quantas vezes tenho de lembrá-lo de terminar o que começou? Você limpou seu quarto pela metade, não molhou as plantas como pedi, e o quebra-cabeça ainda está na mesa de jantar. Não sei de onde veio essa sua preguiça.

Naquele momento sua esposa, Giselda, saiu da lavanderia.

— Querido, será que hoje, finalmente, poderia remontar a máquina de lavar roupa? Não aguento ficar mais uma semana sem ela!

Filho de peixe...

 ## O MAPA DO TESOURO

Provérbios também conta uma historinha sobre o preguiçoso para mostrar as consequências de sua preguiça:

> *Passei pelo campo do preguiçoso*
> *   e junto à vinha do homem falto de entendimento;*
> *eis que tudo estava cheio de espinhos,*
> *   a sua superfície, coberta de urtigas,*
> *   e o seu muro de pedra, em ruínas.*
> *Tendo-o visto, considerei; vi e recebi a instrução.*
> *Um pouco para dormir, um pouco para tosquenejar;*
> *   um pouco para encruzar os braços em repouso,*
> *assim sobrevirá a tua pobreza como um ladrão,*
> *   e a tua necessidade como um homem armado. (Provérbios 24:30-34)*

Podemos extrair deste texto pelo menos três resultados de um estilo de vida preguiçoso.

1) Grandes planos não chegam ao fim. Muitas ideias e alguns projetos podem até começar, mas nada termina!

2) Há fracasso. Ninguém começa um projeto pensando "Quero que seja um desastre". Mas este é o fim daquele que, aos poucos, toma decisões em companhia da preguiça.

3) A preguiça leva à pobreza. Começar, mas não terminar muitos projetos esgota seus recursos.

CAVANDO FUNDO

1) Leia João 17:4; 19:30 e Filipenses 1:6. Graças a Deus que Ele não é preguiçoso no seu trabalho!

2) Leia 2Tessalonicenses 3:6-10. Qual foi o exemplo que Paulo deixou aos tessalonicenses em relação à diligência no trabalho?

 ABRINDO O BAÚ

Será que você poderia reiniciar algum projeto que precisa completar? Que tal reservar um tempo e fazê-lo hoje?

UMA ORAÇÃO

Pai, obrigado porque o Senhor há de terminar a tua boa obra em mim. Ajuda-me a completar o trabalho que o Senhor me dá. Dá-nos força e disciplina necessárias para realizarmos esses projetos em teu nome. Amém.

UM BRILHANTE

A preguiça faz cair profundo sono,
e o ocioso vem a padecer fome. (Provérbios 19:15)

NERVOS À FLOR DA PELE

I. PALAVRAS DURAS

Palavras oportunas trazem paz como a pomba,
mas respostas muito duras detonam uma bomba.

A família Gonçalves se atrasara – de novo. Para piorar, Rogério estava escalado para a recepção da igreja. Ele cansou de gritar para sua filha adolescente sair do banheiro. Faltavam apenas trinta minutos para o início do culto, e eles nem haviam tocado no lanche que Renata preparara. Rogério não conseguia achar seus sapatos. Finalmente gritou para sua esposa, irritado.

– Cadê meus sapatos?

– Exatamente onde você os jogou na semana passada. Embaixo da cama – veio a resposta sarcástica.

– Mas estão empoeirados! – ele gritou. – Você nunca varre embaixo da cama?

Renata chegou ao quarto.

– Você acha que sou sua escrava? Se você quer uma casa mais limpa, que tal levantar da sua poltrona de vez em quando para me ajudar!

– A minha mãe não precisava de ajuda e tinha quatro crianças! – ele se defendeu.

– Tem razão – Renata concordou –, mas também tenho quatro. Três das minhas, e uma que sua mãe nunca criou!

 ## O MAPA DO TESOURO

Se a sua família é como a maioria das famílias, provavelmente já experimentou alguns domingos como esse. As palavras que usamos, o tom de voz, até mesmo nosso linguajar corporal (gestos, olhares, expressões faciais e postura) podem tornar uma simples conversa em uma discussão calorosa. Escute este conselho sábio sobre palavras duras e a habilidade de acender o fogo da ira:

> *A resposta branda desvia o furor,*
> *mas a palavra dura suscita a ira.* (Provérbios 15:1)

Infelizmente, nossas palavras muitas vezes escapam antes que tomemos tempo para refletir sobre elas. Precisamos cultivar um filtro verbal para extrair elementos impuros que falamos, como a ira, o sarcasmo, a ironia, a mágoa, a vingança, a impaciência e o egoísmo.

 ## CAVANDO FUNDO

1) Pode pensar em uma ilustração verdadeira em que palavras duras provocaram ira? Ou talvez uma ilustração de palavras brandas desarmando uma situação potencialmente explosiva?
2) Leia Tiago 1:19-21. Qual foi o conselho de Tiago acerca das palavras?

 ## ABRINDO O BAÚ

Pense nas coisas que provocam sua ira. Compartilhe esses itens com alguém, e analise se sua ira é justa ou motivada por egoísmo.

 ## UMA ORAÇÃO

Pai, perdoa-me pelo ímpeto de defender a mim
mesmo, provocando ira por intermédio de palavras duras.
Ajuda-me a ser mensageiro de paz por meio de um espírito
manso e humilde. Amém.

 ## UM BRILHANTE

A resposta branda desvia o furor,
  mas a palavra dura suscita a ira. (Provérbios 15:1)

2. CARACTERÍSTICAS DA IRA

O homem irado explode na hora,
o calmo e manso controla-se agora!

Sr. Pedro não via a hora de chegar em casa, deitar-se em sua poltrona predileta, assistir ao jornal e esquecer o desastre do seu dia. Tudo começou quando chegou atrasado no serviço por causa da greve dos ônibus e tantos carros na estrada. Seu chefe não ficou nem um pouco contente quando Pedro chegou ao escritório às 9h30. Depois perdeu um contrato importante porque recusava passar um dinheiro debaixo da mesa para o cliente. Mais tarde descobriu que uma transferência bancária do dia anterior havia voltado. E quando voltava para casa furou um pneu. "Chega!", ele pensou quando entrou no elevador do seu prédio.

Mas quando entrou no apartamento, logo percebeu que o desastre ainda não havia terminado. A sala estava uma bagunça. O neném estava chorando. Havia um cheiro de algo queimando na cozinha. Foi então que sua filha Ana passou correndo, com seu filho Josias logo atrás gritando:

— Vou te pegar, sua idiota!

A seguir, houve um terremoto que registrou 7,3 na escala Richter. Foi o próprio sr. Pedro que explodiu em um grito de desespero: SILÊNCIO!

— O que há com papai? — pensaram seus filhos.

 O MAPA DO TESOURO

Quando a ira se levanta dentro de nós, muitas vezes é somente uma questão de tempo até que haja uma explosão. Mas não deve ser assim. De fato, segundo Provérbios, explosões de ira somente revelam nossa tolice e falta de autocontrole.

> *A ira do insensato num instante se conhece,*
> *mas o prudente oculta a afronta.* (Provérbios 12:16)

> *O longânimo é grande em entendimento,*
> *mas o de ânimo precipitado exalta a loucura.* (Provérbios 14:29)

O insensato expande toda a sua ira,
mas o sábio afinal a reprime. (Provérbios 29:11)

Conter a ira é um dos maiores desafios que alguns enfrentam. Exige disciplina dirigida pelo Espírito Santo e autodomínio para controlar maus hábitos. Somente Cristo pode desenvolver a paciência necessária para esquecer ofensas, deixar passar erros, e manifestar o verdadeiro caráter cristão.

 ## CAVANDO FUNDO

1) Pessoas explosivas muitas vezes se defendem dizendo: "Sou assim mesmo"; "Tenho sangue espanhol!"; ou "Fico irado, grito, mas passa logo". Como você responderia a essas justificativas?
2) Leia Mateus 5:21,22. O que Jesus disse sobre explosões de ira?

 ## ABRINDO O BAÚ

Quais são algumas sugestões práticas para lidar com a ira? Antes de perder o controle de suas emoções hoje, que tal resolver avaliar e lidar com elas de forma paciente e bíblica?

 ## UMA ORAÇÃO

Senhor, ensina-me a controlar minha ira, esquecer de ofensas, crescer em paciência e desenvolver o autocontrole. Amém.

 ## UM BRILHANTE

A resposta branda desvia o furor,
mas a palavra dura suscita a ira. (Provérbios 15:1)

3. PAGANDO O PREÇO DA IRA

*A pessoa irada que causa estrago,
leva a culpa até tudo ser pago.*

Esta já era a terceira vez que Cida tinha de ir à escola depois que seu filho Rubem aprontara. Quando ele perdia alguma competição ficava bravo – e geralmente aprontava alguma coisa. Hoje, depois de perder um jogo de futebol no recreio, chutou a bola com tanta força que passou o muro, quebrando uma das janelas do prédio. E para piorar a situação, a bola acabou furando!

– Você acertou com a diretora, mãe? – Rubem perguntou com temor quando sua mãe chegou em casa.

– Sim, filho.

– Quanto você teve de pagar? – perguntou cautelosamente.

– Nada – ela respondeu.

– Nada? Mas por quê?

– Porque você vai pagar durante o restante deste mês. Todas as tardes você ajudará o zelador da escola. Limpará as salas, tirará chiclete das mesas, lavará os banheiros.

– Mas, mãe...

– Mas, mãe nada! Talvez agora você aprenda a se controlar!

 ## O MAPA DO TESOURO

O que acontece quando uma pessoa não sofre as consequências do seu pecado? A chance é grande que não valorizará a autodisciplina. Segundo Provérbios, o delinquente precisa experimentar as consequências do seu próprio pecado, senão, estará sujeito a repeti-lo. Infelizmente, muitos pais absorvem as consequências naturais da insensatez dos seus filhos, contribuindo para esses serem adultos irresponsáveis, ou talvez pior.

*Homem de grande ira tem de sofrer o dano;
porque, se tu o livrares, virás ainda a fazê-lo de novo.* (Provérbios 19:19)

CAVANDO FUNDO

1) Quando é melhor não livrar o pecador das consequências do seu pecado? Quando se deve mostrar misericórdia?
2) Leia Romanos 12:17-21. Como esses versículos se aplicam à instrução de Provérbios sobre a pessoa irada que deve sofrer as consequências da sua ira?
3) Você concorda que os pais não devem sempre livrar seus filhos das consequências das suas ações? Quando seria apropriado fazê-lo?

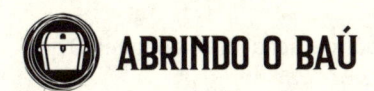

ABRINDO O BAÚ

Fique atento hoje para ver como as pessoas ao seu redor respondem às irritações e inconveniências da vida. Observe bem suas próprias reações para poder controlar sua ira.

UMA ORAÇÃO

Senhor, ajuda-me a enxergar as consequências da minha ira. Guarda-me de voltar para hábitos velhos, uma vez vencidos em minha vida. Amém.

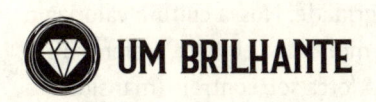

UM BRILHANTE

*A resposta branda desvia o furor,
mas a palavra dura suscita a ira.* (Provérbios 15:1)

4. A CURA DA IRA

*O espírito manso assenta a poeira,
acalma a briga por sua maneira.*

Ronaldo e Elizete não entendiam o que havia acontecido com seu filho caçula, Toninho. De repente ele não queria ir mais à escola, apesar de sempre ter gostado muito das suas aulas. Finalmente descobriram a razão...

– Pai, tenho medo do Walace – Toninho confessou. – Ele disse que vai me bater se eu não devolver sua lapiseira.

– Então devolva-a – aconselhou seu pai.

– Mas não está comigo. Ele a perdeu no pátio e acha que eu peguei. O que eu faço, pai? Não quero brigar com ele!

– Tenho uma ideia – interrompeu sua mãe. – Que tal...

Na manhã seguinte, Walace estava esperando o Toninho na entrada da escola. Mas antes dele falar, Toninho entregou-lhe de presente, uma lapiseira importada novinha!

– Walace, eu não peguei sua lapiseira, mas quero que você fique com essa nova. Não vou brigar com você.

O MAPA DO TESOURO

Uma pessoa paciente e mansa anda a segunda milha para evitar confusão e brigas, mas sem comprometer sua integridade. Nossa cultura valoriza o brigão que reivindica seus "direitos", mas a moralidade bíblica prefere sofrer o dano do que prejudicar a outros. Enfatiza força sob controle (mansidão) e não força explosiva.

> *O homem iracundo suscita contendas,
>   mas o longânimo apazigua a luta.* (Provérbios 15:18)

> *O presente que se dá em segredo abate a ira,
>   e a dádiva em sigilo, abate uma forte indignação.* (Provérbios 21:14)

CAVANDO FUNDO

1) Ser "mole" é sinônimo de ser pacificador?
2) Leia Mateus 5:9,38-42 e Provérbios 25:21,22. Quais são algumas situações em que você pode praticar esses princípios?
3) Fique atento para observar pessoas explosivas e veja se consegue identificar algumas das características traçadas aqui. Como você pode ajudá-las?

ABRINDO O BAÚ

Procure pelo menos uma situação hoje em que você possa ser um pacificador. Depois, avalie como foi o resultado.

UMA ORAÇÃO

Pai, usa-me como pacificador. Guarda-me de brigas e confusões. Mostra-me como ser forte, porém manso. Amém.

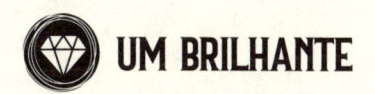

UM BRILHANTE

A resposta branda desvia o furor,
mas a palavra dura suscita a ira. (Provérbios 15:1)

DIAMANTES SOLTOS I

I. PERSEVERANÇA NAS PROVAÇÕES

A prova que vem na escuridão
revela se o crente é forte ou não.

Quando Estevão tinha 3 anos de idade pegou sarampo que culminou em uma inflamação cerebral. Durante uma semana esteve entre a vida e a morte. Quando finalmente acordou tinha retrocedido em quase todas as áreas de desenvolvimento – era bebê de novo. Não conseguia falar, engatinhar nem se alimentar, e os médicos duvidavam se ele voltaria a andar. Entretanto, os médicos tinham pouco conhecimento do poder de Deus e da fibra que Ele tinha colocado no coraçãozinho de Estêvão. Com muita garra e muito apoio dos pais, aprendeu a fazer as coisas simples que havia feito como neném. Nunca olhou para trás. Aprendeu a engatinhar, e depois, com capacete para protegê-lo dos frequentes tombos, aprendeu a andar novamente. Mas não parou por aí. Pela graça de Deus, o menino que alguns disseram que passaria o restante de sua vida em uma cadeira de rodas, é maratonista que já conseguiu correr 42 quilômetros em menos de 3 horas!

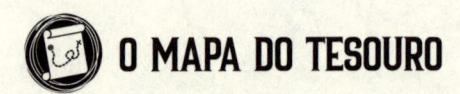 O MAPA DO TESOURO

Você é uma pessoa de fibra? Tem garra? O livro de Provérbios nos relata um teste simples para avaliarmos nossa força. É a prova da adversidade.

> *Se te mostras fraco no dia da angústia,*
> *A tua força é pequena.* (Provérbios 24:10)

Muitos se consideram fortes. Mas uma coisa é "ser forte e corajoso" no papel, e outra, na vida real.

Salomão revela a fraqueza do orgulhoso que, quando colocado à prova, perde a coragem e vai embora. Em outras palavras, a angústia (circunstâncias difíceis) revela a pessoa como realmente ela é – forte ou fraca.

Todo atleta reconhece esse princípio. Não adianta ser o melhor jogador no treino, se no jogo não consegue vencer. Na vida cristã, ser cristão em meio à bonança, não quer dizer muita coisa. Mas vencer na tempestade revela a graça e a glória de Deus capacitando à garra do homem.

CAVANDO FUNDO

1) Você consegue imaginar outras ilustrações desse princípio no mundo dos esportes? Quais são algumas aplicações para a vida espiritual?
2) Leia Gênesis 22. Como Deus testou Abraão? Ele fracassou no dia da adversidade? Qual foi o resultado da prova?
3) Leia Tiago 1:2-5. Por que Tiago encoraja os leitores a perseverarem nas provações? As provações revelam o quê? O que produzem?

ABRINDO O BAÚ

Pense em uma área de sua vida em que você passa por provações. Procure hoje seguir passos precisos para suportá-las na dependência de Deus, sem cair em tentação ou pecado.

UMA ORAÇÃO

Pai, prepara-me para as horas de provação. Ajuda-me a
ser forte e corajoso, não somente em tempos bons, mas
também em tempos difíceis. Que tua graça seja manifesta
a todos. Amém.

UM BRILHANTE

Se te mostras fraco no dia da angústia,
  a tua força é pequena. (Provérbios 24:10)

2. DESÂNIMO

O deprimido carece de compaixão,
e doses de alegria em seu coração.

Sheila sentia-se desmotivada havia meses. A vida se tornara uma rotina insuportável, modificada somente pelo alívio de períodos cada vez maiores de sono – doce sono. Foi a única maneira que encontrou para escapar das nuvens sombrias causadas pelo divórcio de seus pais.

Como cristã, sabia que isso era melhor do que procurar respostas em drogas, álcool ou sexo. Sabia também que tinha de buscar a solução em Deus. Mas o que adiantava? Suas orações pareciam bater no teto e cair mortas no chão. Suas notas na escola baixaram. Não tinha mais ânimo para ir à igreja. Alguns dias sentia-se como se tivessem amarrado um peso de 50 quilos ao redor de seu pescoço. Não aguentava mais o sufoco! "Ó, meu Deus", sussurrou em desespero " tira-me do fundo desse poço!"

 ## O MAPA DO TESOURO

Somente quem já passou por um período de desânimo profundo consegue entender o desespero que causa. Parece uma espiral descendente que não tem retorno. Não há nenhum aspecto da vida que não seja afetado. Mas mesmo que pareça impossível, há esperança. Tais períodos são normais na vida de quase todas as pessoas. Veja como Provérbios descreve a tristeza associada ao desânimo.

> *O coração alegre aformoseia o rosto,*
>> *mas com a tristeza do coração o espírito se abate...*
> *Todos os dias do aflito são maus,*
>> *mas a alegria do coração é banquete contínuo.* (Provérbios 15:13, 15)

> *O coração alegre é bom remédio,*
>> *mas o espírito abatido faz secar os ossos.* (Provérbios 17:22)

Nestes textos há pelo menos dois auxílios para o desânimo:

1) Compaixão – A descrição realista daquele com espírito abatido evoca empatia (não pena). Ele realmente sofre e não precisa tanto de exortação quanto de compaixão.
2) Companheirismo – Quem está abalado precisa de pessoas ao seu redor. A alegria natural e o otimismo genuíno são contagiantes.

 ## CAVANDO FUNDO

1) Você já passou por períodos de desânimo? Tente lembrar como você se sentiu. Como você saiu dele?
2) Leia 1 Tessalonicenses 5:14. Qual foi o conselho de Paulo quanto aos desanimados?

 ## ABRINDO O BAÚ

Você conhece alguém que agora está passando por águas de desespero? Que tal fazer algo hoje para encorajá-lo?

 ## UMA ORAÇÃO

Senhor, ajuda-me a descobrir minha alegria em ti! Dá-me compaixão para lidar com pessoas desanimadas, e assim contagiá-las com minha esperança alicerçada em ti. Amém.

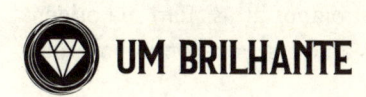 ## UM BRILHANTE

Se te mostras fraco no dia da angústia,
a tua força é pequena. (Provérbios 24:10)

3. CUIDE BEM DOS ANIMAIS

Um bom termômetro do coração
é como se trata seu gato ou cão.

Foi a gota que fez transbordar o copo do sr. Artur... pela segunda vez essa semana ele pisou no cocô que o cachorro havia deixado na varanda da casa. Mais uma vez sua filha Leila tinha esquecido de levar o cachorro para passear e fazer seu "negócio" longe da casa.

Três meses antes, Leila tinha encontrado o cachorrinho abandonado. Implorou a seu papai para ficar com ele, até que ele não aguentou mais e cedeu. – Mas você é quem vai cuidar dele! – havia advertido.

E ela cuidou bem do Faiko, por algumas semanas. Depois disso começou a cansar dele e do trabalho que um animal exige. Esqueceu-se de dar-lhe comida e ele comeu os chinelos do papai. Deixou de pôr água em sua tigela, e ele acordou toda a família e os vizinhos com seus latidos de desespero [...] e de sede.

Agora, o episódio do cocô foi demais. Embora Leila pedisse e chorasse, o sr. Artur já havia decidido providenciar outro dono para Faiko.

– Não é justo – chorou a filha soluçando.

– Não, minha filha, é justo. O que não foi justo foi como você cuidou dele nesses últimos dois meses. Agora vamos achar um lar onde o Faiko realmente será feliz.

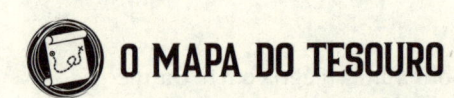 O MAPA DO TESOURO

Nos últimos anos, o movimento ecológico está dando o maior ibope. Mas essa onda de interesse na proteção da "mãe terra" não começou com a conferência internacional ECO no Rio de Janeiro anos atrás. Tem sua origem no próprio Deus, Criador das plantas e dos animais. Veja como Provérbios reflete o interesse divino pelo reino animal.

> *O justo atenta para a vida dos seus animais,*
> *mas o coração dos perversos é cruel.* (Provérbios 12:10)

O versículo traça um contraste entre o caráter de dois tipos de pessoas. A diferença principal se manifesta no tratamento aos animais. Por que o tratamento de animais revela muito sobre o estado do coração? Será pelo fato de que o animal é praticamente indefeso, e não pode reivindicar seus direitos? Talvez pelo fato de que ninguém irá descobrir? Alguém afirmou com razão: "Caráter é o que você é no escuro".

CAVANDO FUNDO

1) O que significa "atentar" para a vida do seu animal nesse versículo? Como o perverso pode ser cruel?
2) Leia Gênesis 1:28-31. Quais foram as ordens que Deus deu para o homem? Quais as implicações para a ecologia? À luz desse texto, você acha que o movimento ecológico agrada a Deus? Quais os exageros que devemos evitar?
3) Leia Romanos 8:19-22. Como o pecado do homem afetou seu ambiente? Como um cristão poderia reverter esse quadro, pelo menos em parte? Faça uma lista de ideias para melhorar e não estragar o planeta Terra, nosso "lar, doce lar".

ABRINDO O BAÚ

Se você tem um animal de estimação, está cuidando bem dele? Que tal fazer algo, mesmo que seja pequeno, para melhorar a vida dele? Se você não tem, que tal fazer algo prático para melhorar o meio ambiente (além de limpar seu quarto!).

 UMA ORAÇÃO

Obrigado, Senhor, pela criação maravilhosa que tu fizeste.
Perdoa-me pelos estragos que tenho feito nesta sua obra de arte.
Ajuda-me a cuidar bem não somente dos meus animais, mas
também da vida de toda a criação ao meu redor. Amém.

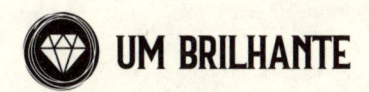 UM BRILHANTE

Se te mostras fraco no dia da angústia,
  a tua força é pequena. (Provérbios 24:10)

4. OS OLHOS DO SENHOR

Os olhos do Senhor percorrem a mundo
atentos para ver do coração, o fundo.

O telefone tocou e Dona Alcinéia pulou de susto antes de correr para atendê-lo. Duas horas já haviam se passado desde que ela enviou seu filho de dez anos, Lenilson, ao supermercado para comprar leite condensado. Ao ver que ele não voltava, ela começou a ficar apreensiva.

— Alô? Sim, é Dona Alcinéia [...] sim, Lenilson é meu filho. O que aconteceu?! — ela quase gritou de desespero. — Está bem? Graças a... Ele fez o quê? Não, meu filho! Ele nunca furtou nada na vida [...]. Sim, eu posso estar aí em dez minutos. Mas vocês vão ver que houve algum engano [...] Sim. Tchau.

Com sentimentos confusos de alívio e raiva, Dona Alcinéia foi até o supermercado. De fato houve um engano, mas não por parte da gerência do supermercado.

— Filho, como pôde? Não te ensinei que furtar é crime?

— Mas, mãe — respondeu o filho —, só abri um pacote de chocolate e comi do jeito que papai sempre faz. Ele sempre diz que ninguém se importa!

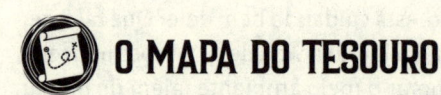 ## O MAPA DO TESOURO

As pessoas se enganam quando pensam que ninguém se importa com o que fazem. Quase sempre há alguém observando nosso comportamento, verificando nossas atitudes. "Nenhuma pessoa é uma ilha" — nossas ações afetam as pessoas ao nosso redor. E mesmo que nenhum homem esteja nos observando, a Bíblia nos ensina que Deus sempre nos vê. Veja o que esses textos dizem sobre os "olhos do Senhor".

Os olhos do Senhor estão em todo lugar,
contemplando os maus e os bons. (Provérbios 15:3)

Porque os caminhos do homem
estão perante os olhos do Senhor,
e ele considera todas as suas veredas. (Provérbios 5:21)

CAVANDO FUNDO

1) A ideia de que Deus sempre está presente e ciente de tudo que fazemos ou pensamos pode ser uma faca de dois gumes, consolando ou confrontando as pessoas. Como você se sente sabendo que Deus vê tudo o que você faz?
2) Leia 2Crônicas 16:9 e compare a 1Pedro 5:8. Enquanto Deus procura alguém totalmente comprometido com Ele, Satanás busca alguém para devorar. Como esses fatos influenciam a sua vida cristã?
3) Leia 1Pedro 3:10-12 (uma citação de Salmos 34:12-15). Quais são as características do justo que o Senhor procura?

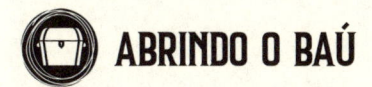
ABRINDO O BAÚ

Que tal agradecer a Deus pela sua presença constante com você? Procure andar na presença dele durante o dia, sempre perguntando a si mesmo. "O que Deus gostaria que eu fizesse agora?"

UMA ORAÇÃO

Pai, lembra-me do fato de que o Senhor vê tudo que acontece em nossas vidas. Que esse fato desvie meu coração do mal. Louvo a ti pela tua presença contínua conosco. Por isso, quero servir-te com todo meu coração. Amém.

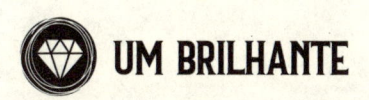
UM BRILHANTE

Se te mostras fraco no dia da angústia,
a tua força é pequena. (Provérbios 24:10)

CAPÍTULO CINCO

ESPADA DE DOIS GUMES

AS PALAVRAS DO SÁBIO I

I. PALAVRAS DISCIPLINADAS

*A língua revela o coração
que é fonte de toda corrupção.*

William sabia que estava frito. Pela primeira vez em sua vida, havia usado um "palavrão" na frente de seus pais. Simplesmente escapou da sua boca, só para pairar no ar como a nuvem depois de uma explosão nuclear. As ondas de choque logo seriam sentidas.

— De onde veio isso? — perguntou sua mãe, incrédula ao constatar que seu filho inocente soubesse tal palavra, quanto mais que a usasse.

Seu pai gaguejou alguma ameaça sobre "lavar sua boca com sabonete", mas William sabia que seu problema não se resolveria com uma lavagem bucal. Durante meses, palavrões haviam ecoado em sua mente, fruto de horas passadas com amigos que curtiam sua nova liberdade de expressão. Tudo se tornou parte do seu próprio vocabulário particular. Só que agora, reconheceu que o "particular" viera a "público". De alguma forma, teria de fechar o registro das palavras na fonte, não na torneira.

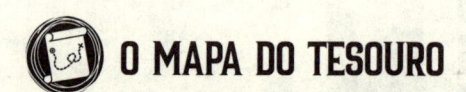 **O MAPA DO TESOURO**

Provérbios nos lembra que nossas palavras fluem do coração, não da língua:

> *Sobre tudo o que se deve guardar, guarda o teu coração,*
> *porque dele procedem as fontes da vida.* (Provérbios 4:23)

> *O coração do sábio é mestre de sua boca*
> *e aumenta a persuasão nos seus lábios.* (Provérbios 16:23)

A não ser que o Senhor transforme uma pessoa de dentro para fora, ela nunca poderá guardar sua língua. Mais cedo ou mais tarde, suas palavras irão traí-la.

CAVANDO FUNDO

1) Francis Quarles, autor inglês do século 17, disse: "O coração do tolo está na sua língua, mas a língua do sábio está no seu coração". O que você acha que ele quis dizer?
2) Jesus disse. ... *a boca fala do que está cheio o coração* (Mateus 12:34). Qual o problema com palavras podres? Como Cristo transforma nosso falar de dentro para fora?
3) Leia Efésios 5:18-20. Observe quantas evidências da plenitude do Espírito são refletidas em nossas palavras. Por quê?

ABRINDO O BAÚ

Em vez de pedir que Deus mude suas palavras, peça que Ele transforme seu coração, substituindo a amargura por amor, colocando a paz no lugar da preocupação e a paciência onde reinava a pressa.

UMA ORAÇÃO

Pai, reina em meu coração, tornando-me mais e mais como Cristo. Que minhas palavras reflitam Cristo e seu amor pelos outros. Amém.

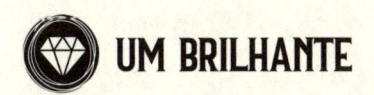

UM BRILHANTE

A morte e a vida estão no poder da língua;
o que bem a utiliza come do seu fruto. (Provérbios 18:21)

2. PALAVRAS QUE SARAM

*A língua espalha vida e morte,
sara ou mata, conforme a sorte.*

Eric se jogou em cima da cama e enterrou seu rosto no travesseiro. Que dia horrível! Começou quando não ouviu o despertador tocar e chegou atrasado ao colégio. Em seguida, esqueceu sua roupa para a aula de educação física. Na aula de química alguém da turma fez uma brincadeira sobre a roupa que ele usava. Sua prova de inglês foi um desastre, e a professora o usou como exemplo para a classe sobre "como não falar inglês". Fez um gol contra e seu time perdeu a partida de futebol no recreio.

Seu pai bateu levemente na porta do seu quarto e entrou.

— Fiquei sabendo que seu dia foi difícil, filho.

— Não foi difícil, pai, foi horroroso!

— Bem, Eric, mesmo assim sua mãe e eu só queríamos que você soubesse que temos orgulho de você. Temos observado muito sua vida nesses últimos meses, e estamos encorajados pelo que vemos. Você está se tornando um homem de verdade, e estamos impressionados com seu coração voltado para Deus. Continue assim, filho.

Eric levantou o rosto do travesseiro e disse a seu pai.

— Obrigado, pai. Obrigado mesmo. Realmente ajuda. Só gostaria que este dia nunca tivesse acontecido.

— Bem, filhão, será que uma visita à sorveteria ajudaria você a esquecer? Você não acreditaria o dia que eu passei também.

— Claro, pai, vou com você!

 ## O MAPA DO TESOURO

O homem ainda não inventou algo tão versátil quanto a língua humana. Com uma palavra pode-se destruir uma vida, ou promover a cura mais rápida do que o melhor remédio já descoberto.

> *A morte e a vida estão no poder da língua;*
> *o que bem a utiliza come do seu fruto.* (Provérbios 18:21)

A boca do justo é manancial de vida,
  mas na boca dos perversos mora a violência. (Provérbios 10:11)

A língua serena é árvore de vida,
  mas a perversa quebranta o espírito. (Provérbios 15:4)

Palavras agradáveis são como favo de mel,
  doces para a alma e medicina para o corpo. (Provérbios 16:24)

CAVANDO FUNDO

1) Você pode pensar em palavras que já disse que machucaram profundamente alguém? Você se lembra de alguma vez que uma simples palavra de encorajamento provocou a cura de feridas profundas?
2) Leia Tiago 3:9-12. O que Tiago fala do poder da língua para sarar ou destruir?

ABRINDO O BAÚ

Pense em alguém que talvez precise de uma palavra de incentivo. Que tal aproveitar essa oportunidade para enviar um texto, ligar ou falar com ele ou ela?

UMA ORAÇÃO

Pai, ajuda-me a ser mais sensível às necessidades daqueles ao meu redor e mostra-me como usar minha língua para incentivar, nunca para desanimar as pessoas. Amém.

 UM BRILHANTE

A morte e a vida estão no poder da língua;
  o que bem a utiliza come do seu fruto. (Provérbios 18:21)

3. PALAVRAS PODEROSAS

Lábios impuros destroem a alma,
mas palavras boas provocam a calma.

Leia o que alguns já falaram sobre o poder (e perigo) da língua:

- A língua só tem oito centímetros de comprimento, mas consegue matar um homem de dois metros de altura (Provérbio japonês).
- Uma língua afiada é a única ferramenta que fica mais afiada ainda com o uso constante (Washington Irving).
- Cuide para que sua língua não corte seu próprio pescoço (Provérbio árabe).

 ## O MAPA DO TESOURO

Conforme Provérbios, nossas palavras têm poder incrível para dar vida ou morte. Podem ser placas sinalizando o caminho para a vida eterna, ou podem encaminhar pessoas direto para o inferno.

O ensino do sábio é fonte de vida,
para que se evitem os laços da morte. (Provérbios 13:14)

As palavras dos perversos são emboscadas para derramar sangue,
mas a boca dos retos livra homens. (Provérbios 12:6)

Pela bênção que os retos suscitam, a cidade se exalta,
mas pela boca dos perversos é derribada. (Provérbios 11:11)

 ## CAVANDO FUNDO

1) Leia 1Samuel 30:1-6. Como Davi se recuperou do golpe de palavras e ameaças afiadas? Você poderia imitar seu exemplo?
2) Leia Colossenses 4:6. O que significa ter uma palavra *sempre agradável*, (literalmente, "com graça") temperada com sal?

3) Escreva um provérbio original sobre o poder da língua. Preencha os espaços:

"Palavras são como _____; elas _____".
"As palavras do sábio _____; mas o tolo _____".

 ## ABRINDO O BAÚ

Procure encorajar pelo menos uma pessoa hoje com palavras sinceras de graça. Qual foi sua reação? Como você se sentiu?

 ## UMA ORAÇÃO

Senhor, que minhas palavras atraiam pessoas para ti. Ensina-me a respeitar o poder delas para o bem ou para o mal. Ajuda-me a achar força em ti quando sou apanhado por palavras afiadas. Amém.

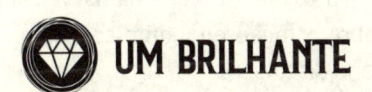 ## UM BRILHANTE

A morte e a vida estão no poder da língua;
o que bem a utiliza come do seu fruto. (Provérbios 18:21)

4. PALAVRAS QUE EDIFICAM

*Palavras boas na ansiedade
alegram a alma com tranquilidade.*

Karen ajustou as sacolas do supermercado em seus braços e subiu lentamente os degraus em direção ao seu apartamento. Exausta de um dia difícil no serviço, ela se conformou com o fato de que boa parte do seu trabalho ainda a esperava em casa. Como mãe solo, seus ombros carregavam o peso de ser mãe e pai de duas crianças em idade escolar. "Devem estar com fome a esta hora", ela pensou. O apartamento precisava de uma faxina completa, ela teria de verificar as tarefas de casa dos seus filhos, lavar a louça, pagar algumas contas, uma lista interminável de afazeres e uma solidão, às vezes insuportável.

Quando abriu a porta do apartamento, Karen percebeu algo diferente. Um silêncio total [...] um aroma suave vindo da cozinha [...] e música tocando. Ela colocou as sacolas no chão e olhou ao redor para ter certeza que estava no apartamento certo. De repente, duas vozes gritaram: "Surpresa!"

O apartamento estava totalmente limpo, a mesa pronta com toalha, velas e talheres. Cachorros-quentes ferviam sobre o fogão enquanto seu filho mais velho, Jasiel, começou a ler um pequeno discurso.

– Querida mãe, queremos agradecer por todo o trabalho que você faz por nós. Sabemos que tem sido difícil sozinha, mas achamos que você está fazendo um ótimo trabalho. Temos orgulho de você, mãe. Com amor, seus filhos.

Com lágrimas nos olhos, Karen abriu os braços para receber o melhor abraço que uma mãe poderia esperar de seus próprios filhos.

 O MAPA DO TESOURO

É incrível a diferença que uma simples palavra ou ação de bondade faz em nossas vidas. Com pouco esforço podemos aliviar o fardo daqueles que carregam o peso do mundo. Veja o que Provérbios fala sobre o poder de uma palavra para edificar a vida de alguém.

> *Os lábios do justo apascentam a muitos,
> Mas, por falta de senso, morrem os tolos.* (Provérbios 10:21)

A ansiedade no coração do homem o abate,
mas a boa palavra o alegra. (Provérbios 12:25)

CAVANDO FUNDO

1) Leia a história de Elias em 1Reis 19:1-18. Como uma palavra de graça do Senhor animou Elias?
2) Leia Efésios 4:29. Com que tipo de palavras o apóstolo Paulo encoraja?

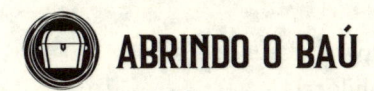

ABRINDO O BAÚ

Há alguém em sua família que tem a habilidade de perceber quando outros estão mal e sabe falar exatamente o que é necessário para encorajá-los? Como você pode ser uma pessoa assim?

UMA ORAÇÃO

Bondoso Deus, ajuda-me a falar a palavra certa para aqueles cujos corações estão cheios de ansiedade. Que minhas palavras nunca sejam a causa de suas preocupações. Amém.

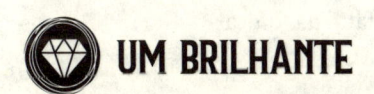

UM BRILHANTE

A morte e a vida estão no poder da língua;
o que bem a utiliza come do seu fruto. (Provérbios 18:21)

FOFOCA

I. ATRAÇÃO FATAL

*Quem come fofoca como petisco
engole perigo e grande risco.*

Você já reparou como muitos cristãos adquirem apetite para ouvir más notícias sobre seus irmãos? Seja por orgulho, inveja ou por malícia, a fofoca é um pecado sutil e perigoso entre nós. Pense em algumas maneiras "inocentes" que espalhamos e engolimos seu veneno:

- compartilhando "pedidos de oração" particulares e sensíveis;
- revelando segredos contados em confidência;
- repassando críticas sobre terceiros, sem falar diretamente com eles;
- espalhando boatos não baseados em fatos, mas ouvidos de outras pessoas;
- intrometendo-nos em questões alheias que não têm nada a ver conosco.

O MAPA DO TESOURO

O último "pecado abominável" da lista de sete em Provérbios 6:16-19 é *...o que semeia contendas entre irmãos*. Das muitas causas de contendas, podemos identificar a fofoca como uma das principais. Dois versículos iguais em Provérbios nos advertem contra a atração fatal da fofoca:

> *As palavras do maldizente são doces bocados*
> *que descem para o mais interior do ventre.* (Provérbios 18:8; 26:22)

O fofoqueiro oferece um banquete de palavras suculentas devoradas por pessoas com apetites insaciáveis para ouvir o mal sobre os outros. A fofoca dá água na boca. Sua atração fatal cria um vício que normalmente leva à destruição.

CAVANDO FUNDO

1) Você já produziu gosto para finas fofocas? Está viciado em boatos sobre as lutas e os pecados de outros? Como você pode fazer um "santo jejum" contra a fofoca?

2) 1Coríntios 13:6 diz que o amor *não se alegra com a injustiça, mas regozija-se com a verdade*. Como este versículo relaciona-se com o ouvir e compartilhar fofoca?

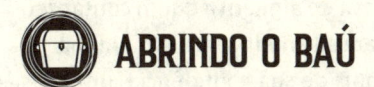

ABRINDO O BAÚ

Como projeto pessoal, procure passar um dia sem falar nem ouvir boatos, relatórios ou fofocas sobre os pecados de outros.

UMA ORAÇÃO

Pai, perdoa-me por estar lanchando a fofoca. Ensina-me a farejar a fofoca quando está no ar, e evitá-la a qualquer custo. Ajuda-me a controlar minha própria língua quando sou tentado a espalhar os problemas dos outros. Amém.

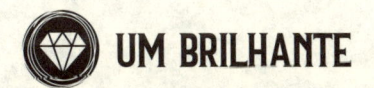

UM BRILHANTE

*As palavras do maldizente são doces bocados
que descem para o mais interior do ventre.* (Provérbios 18:8; 26:22)

2. CONFIANÇA TRAÍDA

Evita o homem fofoqueiro,
contra você, será traiçoeiro.

Mariana se sentia esmagada pela notícia. Como Aninha podia traí-la assim? Depois de tudo que haviam passado juntas! Tudo começara no início daquela semana. Mariana estava triste, em parte por ter perdido sua vaga no time titular de vôlei, mas, acima disso, por tudo que ocorria com seus pais. Parecia que só discutiam. Precisava de alguém a quem contar seu desânimo, então, derramou seu coração para sua melhor amiga, Aninha.

Foi isso que mais doeu. Alguns dias depois de sua confidência, uma das meninas da igreja viu Mariana no Shopping.

— Sinto muito sobre seus pais — a menina comentou inocentemente.

— O quê? — Mariana perguntou. — O que aconteceu a meus pais?

— O divórcio deles. Sei que é muito difícil. Estamos orando por você.

— Meus pais não estão se divorciando! — protestou Mariana. — Quem falou isso?

— Foi Márcia, no culto de oração. Ela disse que Aninha havia falado para ela que seus pais estavam se separando, e que precisávamos orar. Acho que ela não entendeu toda a história. Sinto muito.

— Não tanto quanto eu... — respondeu Mariana.

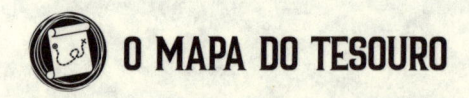 ## O MAPA DO TESOURO

O fofoqueiro tem uma boca do tamanho do seu pé. Dado o tempo suficiente, ele estará divulgando algum segredo, partilhando informação particular ou traindo uma confiança. O dano que causa é incalculável.

O mexeriqueiro revela o segredo;
 Portanto, não te metas com quem muito abre os seus lábios. (Provérbios 20:19)

O mexeriqueiro descobre o segredo,
 mas o fiel de espírito o encobre. (Provérbios 11:13)

A mensagem é clara: evite pessoas que fofocam! Somente um tolo se cercaria de pessoas que fazem a festa com os problemas dos outros. Cuidado! Você pode ser a sobremesa!

 CAVANDO FUNDO

1) Há segredos que devem ser revelados? Você pode imaginar uma situação em que teria de trair uma confiança para o bem da pessoa que contou o segredo?
2) Alguém já disse: "Se você não tem nada bom para falar, não fale nada". Avalie esta declaração à luz do que Filipenses 4:8 diz sobre nossos pensamentos.

 ABRINDO O BAÚ

Você já foi traído por alguém que compartilhou algo particular? Como você se sentiu? Você já fez isso com outra pessoa?

 UMA ORAÇÃO

Senhor, ajuda-me a ser confiável com informação confidencial. Livra-me do desejo de espalhar as dificuldades e os segredos de outros. Amém.

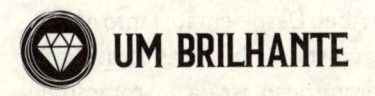 UM BRILHANTE

As palavras do maldizente são doces bocados
que descem para o mais interior do ventre. (Provérbios 18:8; 26:22)

3. O DEDO-DURO

O "dedo-duro" faz acusação,
como o diabo quer condenação.

O diabo mora em sua casa? A natureza principal dele é ser acusador. Você já ouviu acusações como estas?

— Mãe! Mãe! Andréia precisou ficar depois das aulas hoje, e a professora dela estava muito brava! Acho que ela vai apanhar mesmo, né, mãe? Posso ligar para o papai no escritório e falar tudo para ele?

— Oi, mãe, oi, pai. Todos nós obedecemos a babá, menos Derek. Ele não desligou a TV quando ela pediu, depois mordeu o braço da Alice e não escovou os dentes. Ele vai ser disciplinado?

— Se você não descer da minha bicicleta vou contar para o pai que você pisou nas flores.

— É? Se você contar vou dizer para a mãe que você usou o celular dela para ligar para sua amiga.

— Mentira.

— Não é.

— É sim.

— Não é...

O MAPA DO TESOURO

Apontar o erro do outro em vez de assumir o seu próprio erro é uma história bem antiga. Começou com Adão e Eva. A rivalidade entre irmãos também começou muito tempo atrás, com Caim e Abel. Desde então, tanto a rivalidade quanto o dedurar têm sido os protagonistas de histórias terríveis. Por que o dedo-duro nos irrita tanto? Talvez porque desmascara um coração ciumento, vingativo ou orgulhoso. Em todo caso, o dedo-duro inicia contendas mesmo nas melhores famílias.

> *O homem perverso espalha contendas,*
> *e o difamador separa os maiores amigos.* (Provérbios 16:28)

> *Sem lenha, o fogo se apaga;*
> *e, não havendo maldizente, cessa a contenda.* (Provérbios 26:20)

Conforme estes versículos, o difamador (dedo-duro) rompe relacionamentos e incendeia as brasas de brigas passadas. Além disso, dedurar é uma das armas mais eficazes no arsenal de Satanás. Ele, o mestre acusador, tem prazer sinistro ao ver seu discípulo, o dedo-duro.

 ## CAVANDO FUNDO

1) A palavra "diabo" vem de uma palavra que significa "difamar" ou "acusar". Como "dedurar" é semelhante ao que Satanás faz? Veja Apocalipse 12:9,10. Por que é tão sério?
2) Qual a diferença entre dedurar e apresentar um relatório ruim sobre outros para um pai, professor ou pastor?
3) Leia Tiago 4:11,12. Quando julgamos (acusamos) e difamamos uns aos outros, estamos tomando o lugar do Único Juiz, Deus. Por que é errado julgar? Conforme Gálatas 6:1-4 o que devemos fazer em vez de julgar?

 ## ABRINDO O BAÚ

Dedurar é um dos pecados que mais minam o alicerce familiar. Que tal incentivar sua família a fugir desse pecado por intermédio de um pacto de família?

 ## UMA ORAÇÃO

Senhor, perdoa-me por ter tido tanto prazer no pecado e na punição de outros. Guarda-me para não me tornar um juiz e dá-me graça para confrontar humildemente aqueles que estão presos no pecado. Amém.

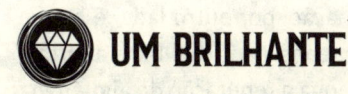 ## UM BRILHANTE

*As palavras do maldizente são doces bocados
que descem para o mais interior do ventre.* (Provérbios 18:8; 26:22)

4. HIPOCRISIA E FOFOCA

Hipócritas escondem a mentira.
Tolos espalham ódio e ira.

Era uma vez um monge que confessou ao seu superior que era culpado de falar mal de um dos seus colegas. Querendo acertar o erro, procurou o conselho do seu chefe.

— Filho, você cometeu uma ofensa grave, e por isso terá de fazer o seguinte: levante pela manhã e coloque uma pena sobre o portal de cada casa da vila.

O monge obediente e arrependido fez exatamente o que o mestre ordenara. No final da tarde, voltou exausto da tarefa, mas aliviado porque havia conseguido fazer tudo, e falou ao superior.

— Completei suas ordens, mestre, e voltei para saber se falta alguma coisa.

— Sim, meu filho, ainda falta uma coisa. Agora é preciso voltar à vila, pegar todas as penas e devolvê-las para mim.

— Mas é impossível! — protestou o monge. — A essa hora as penas estão espalhadas aos quatro ventos!

— É verdade — respondeu o velho sacerdote — e é assim com a fofoca. Uma vez compartilhada, é impossível juntar de novo. Vá e evite fofocar mais.

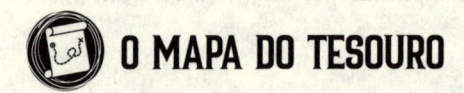 ## O MAPA DO TESOURO

Conforme Provérbios, hipocrisia e fofoca são irmãs gêmeas de um coração tolo.

> *O que retém o ódio é de lábios falsos,*
> *e o que difama é insensato.* (Provérbios 10:18)

Hipocrisia é fingir ser o que não é, ou fingir não ser o que é. Este texto implica sobre *mentira para cobrir ódio*. Difamação, por outro lado, é bom e ruim ao mesmo tempo. Bom, porque pelo menos a crítica é mais aberta e mais facilmente identificada. Ruim, porque joga a reputação de alguém na lama com acusações falsas. Algumas pessoas nunca conseguem recuperar o bom nome depois.

CAVANDO FUNDO

1) Em que a difamação e a hipocrisia são semelhantes? Quais as diferenças?
2) Levítico 19:16,17 é uma das primeiras passagens que revelam a perspectiva divina sobre a hipocrisia e a difamação. Leia e avalie os versículos à luz do versículo citado anteriormente.
3) Leia Marcos 14:53-61. Como Jesus foi difamado? Qual foi a sua resposta? Quais as lições que podemos aprender sobre a difamação e nossa resposta a ela?

ABRINDO O BAÚ

Você está usando uma máscara para fingir ser o que não é, ou vice-versa? Reflita hoje na graça de Deus que o aceita e ama como você é. Como a compreensão desse fato pode ajudá-lo a resistir a hipocrisia?

UMA ORAÇÃO

Senhor Jesus, guarda-me dos pecados associados
à hipocrisia e difamação. Perdoa-me pelas vezes que procurei
melhorar minha reputação manchando a reputação dos outros.
Dá-me uma casca dura para aguentar as mentiras e ataques
feitos. Amém.

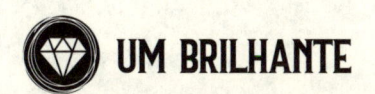

UM BRILHANTE

*As palavras do maldizente são doces bocados
que descem para o mais interior do ventre.* (Provérbios 18:8; 26:22)

AS PALAVRAS DO SÁBIO II

I. PALAVRAS DE PAZ

*Respostas brandas desviam o furor,
levam à paz que vem do Senhor.*

Tudo indicava que o dia seria um desastre, mesmo sendo o "dia do Senhor". Para começar, Joana e Jurandir tinham voltado na noite anterior do retiro dos adolescentes. O retiro havia sido ótimo, mas em casa... era óbvio que não dormiram muito e não estavam a fim de muito papo com os pais.

Para complicar, acordaram tarde e chegariam atrasados ao culto. Fórmula perfeita para a Terceira Guerra Mundial. Até que Joana saiu do seu quarto, abraçou os pais, começou a colocar o café na mesa, e chamou o irmão para dizer que podia usar o banheiro o tempo que precisasse. Ninguém acreditava. Mas sua atitude provocou uma bonança que durou o restante do dia.

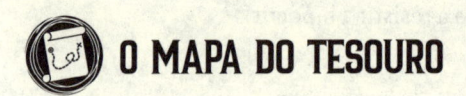 ## O MAPA DO TESOURO

A diferença entre palavras bravas e suaves fica mais evidente no contexto do lar. Provérbios descreve os resultados de cada tipo do falar.

> *A resposta branda desvia o furor,
>   mas a palavra dura suscita a ira.* (Provérbios 15:1)

> *Há fraude no coração dos que maquinam mal,
>   mas alegria têm os que aconselham a paz.* (Provérbios 12:20)

 ## CAVANDO FUNDO

1) Leia a história de Davi, Nabal e Abigail em 1Samuel 25. Como as palavras duras de Nabal provocaram ira? Como a resposta branda de Abigail promoveu paz?
2) Leia Efésios 2:14-18. Quem é nossa paz? Como Jesus "pregou a paz"?
3) Jesus disse: *Bem-aventurados os pacificadores, porque serão chamados filhos de Deus* (Mateus 5:9). Por que você acha que o pacificador será chamado "filho de Deus"?

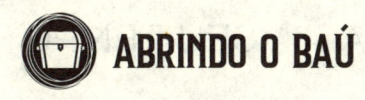 ## ABRINDO O BAÚ

Será que a resposta branda traria mais paz ao seu lar? Como você poderia amolecer suas respostas para outros membros da sua família para eliminar brigas desnecessárias?

 ## UMA ORAÇÃO

Pai, perdoa-me pelas palavras duras que tenho usado, especialmente na minha família. Ensina-me a promover paz pela maneira com que respondo aos outros. Amém.

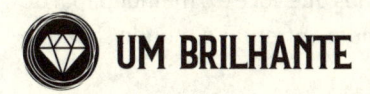 ## UM BRILHANTE

Como maçãs de ouro em salvas de prata,
assim é a palavra dita a seu tempo. (Provérbios 25:11)

2. PALAVRAS A SEU TEMPO

*A palavra adequada no momento certo,
traz mananciais no meio do deserto.*

Para o sr. Walfredo, foi sem dúvida um dos piores dias da sua carreira. Havia perdido dois grandes contratos que esperava fechar antes do almoço. Tinha sido notificado que seu departamento já ultrapassara o orçamento para o ano, e ainda era outubro. Para piorar, sua secretária de 15 anos de serviço entregou o aviso prévio de que sairia da firma.

Naquela noite, depois de colocar os filhos na cama, ele ligou o computador para completar algumas tarefas que não conseguiu terminar durante o dia. No meio do trabalho meio deprimente, apareceu na tela um novo papel de parede que dizia simplesmente: "Achamos que você é o melhor papai do mundo". Aí tudo mudou. O sr. Walfredo podia enfrentar o mundo sabendo que seus filhos acreditavam nele.

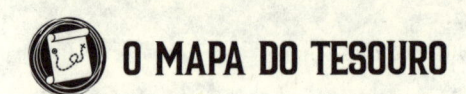 ## O MAPA DO TESOURO

*O homem se alegra em dar resposta adequada,
e a palavra a seu tempo, quão boa é!* (Provérbios 15:23)

*Como maçãs de ouro em salvas de prata,
assim é a palavra dita a seu tempo.* (Provérbios 25:11)

Uma palavra "adequada" significa uma palavra apropriada, que cabe à situação. Seja na resposta dada a um amigo que precisa de conselho, seja uma palavra de estímulo, seja a palavra certa na hora certa.

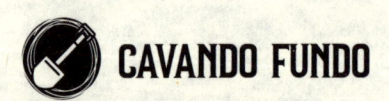 ## CAVANDO FUNDO

1) Muitas vezes Jesus deixou as pessoas boquiabertas com a sabedoria de suas respostas. Leia Marcos 12:13-17. Como Jesus deu uma resposta adequada quando perguntado sobre o pagamento de tributo a César?
2) Leia Eclesiastes 12:9,10. Por que o "Pregador" se esforçou para achar as palavras certas?

3) Leia Colossenses 4:5,6. Como podemos "aproveitar as oportunidades" com as nossas palavras?

 ## ABRINDO O BAÚ

Procure aproveitar as oportunidades que Deus lhe dá durante o dia para semear palavras de graça, especialmente com pessoas incrédulas com quem tem contato.

 ## UMA ORAÇÃO

Pai, que eu tenha tua sabedoria para ser sensível às pessoas e suas necessidades, e para dar a resposta certa àquelas pessoas que precisam de conselho ou incentivo. Amém.

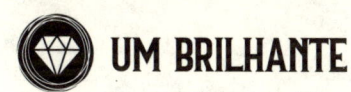 ## UM BRILHANTE

Como maçãs de ouro em salvas de prata,
  assim é a palavra dita a seu tempo. (Provérbios 25:11)

3. PALAVRAS GUARDADAS

O homem que guarda seus lábios
terá seu lugar entre os sábios.

Pense a respeito destes comentários sobre a importância de guardar sua língua:

- Na boca fechada não entra mosca (Provérbio filipino).
- Existe a mesma diferença entre as línguas de alguns, e entre o ponteiro de horas e minutos no relógio; um anda dez vezes mais rápido, e o outro significa dez vezes mais (Sidney Smith).
- Se você deseja ser sábio, seja tão sábio que segure sua língua.
- Há muitos homens cujas línguas poderiam governar multidões, se eles pudessem governar suas línguas (G. D. Prentice).

 ## O MAPA DO TESOURO

Provérbios nos adverte para morder a língua quando somos tentados a falar demais.

O que guarda a boca conserva a sua alma,
mas o que muito abre os lábios a si mesmo se arruína. (Provérbios 13:3)

O que guarda a boca e a língua
guarda a sua alma das angústias. (Provérbios 21:23)

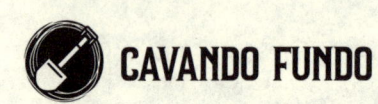 ## CAVANDO FUNDO

1) Leia 1Timóteo 1:6; 6:20,21; 2Timóteo 2:14,16,23. Quais as instruções que Paulo deu a Timóteo sobre "falatórios inúteis"?
2) Leia Mateus 12:36. O que Jesus falou sobre a importância de guardar nossas palavras?

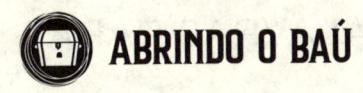

ABRINDO O BAÚ

Faça uma experiência hoje, procure falar menos e vigiar bem suas palavras. Avalie seu sucesso no final do dia. O que você aprendeu?

UMA ORAÇÃO

Pai, guarda meus lábios para falar somente o que te agrade. Que as palavras da minha boca e o meditar do meu coração sejam agradáveis a ti. Amém.

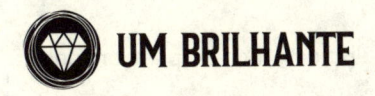

UM BRILHANTE

Como maçãs de ouro em salvas de prata,
assim é a palavra dita a seu tempo. (Provérbios 25:11)

4. PALAVRAS RARAS

Pouco falar – muito ouvir,
você será sábio no porvir.

Pense de novo sobre algumas dessas declarações sobre a importância de ser uma pessoa de palavras bem pensadas:

- É uma pena não ter o bom senso suficiente para falar bem, e o juízo adequado para falar pouco.
- Quando palavras são raras, quase nunca são empregadas em vão (Shakespeare).
- Os sábios falam porque têm algo a dizer; tolos falam porque gostariam de falar algo.
- Grandes faladores são como vasos quebrados; tudo cai para fora deles (C. Simmons).

O MAPA DO TESOURO

Deus dá Sua opinião sobre os méritos de sermos pessoas de poucas palavras.

> *No muito falar não falta transgressão,*
> *mas o que modera os lábios é prudente. (Provérbios 10:19)*

> *Quem retém as palavras possui o conhecimento,*
> *e o sereno de espírito é homem de inteligência.*
> *Até o estulto, quando se cala, é tido por sábio,*
> *e o que cerra os lábios, por sábio. (Provérbios 17:27,28)*

 CAVANDO FUNDO

1) É pecado falar muito? Como alguém extrovertido deve interpretar (e aplicar) esses versículos?
2) É possível a uma pessoa que fala pouco, temer mais ao homem do que a Deus? Quando a timidez pode ser pecado?

3) Leia Tiago 1:19. Quais atitudes devem acompanhar o "tardio para falar"? Por quê?

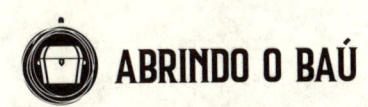

ABRINDO O BAÚ

Procure limitar a quantidade de palavras que você fala hoje, esforce-se para ouvir antes de falar. Avalie seu sucesso no final do dia. O que você aprendeu?

UMA ORAÇÃO

Pai, ajuda-me a evitar palavras fúteis e inúteis. Ensina-me a ficar quieto em vez de pecar com minhas palavras. Amém.

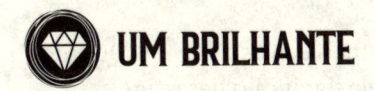

UM BRILHANTE

Como maçãs de ouro em salvas de prata,
assim é a palavra dita a seu tempo. (Provérbios 25:11)

MENTIRA

I. O RESULTADO

*O mentiroso trai a confiança
e perde toda a esperança.*

Alguém estava mentindo, e os pais não aguentavam mais. Um por um, interrogaram seus quatro filhos. Cada um negou ter qualquer coisa a ver com o abajur quebrado, que fora colado cuidadosamente para parecer que nada havia acontecido.

Cada criança tinha uma desculpa. Finalmente o pai, frustrado, ameaçou castigar todo mundo até descobrir a verdade. Foi então que o celular da esposa tocou.

— Sim, é Marta... Oi, Simone, como vai ? Sim, como você soube do abajur quebrado? É mesmo? Hoje? Sim, eu falo para ele... Não, não será necessário... Sim, muito obrigada. Tchau.

A cada palavra da conversa, Tiago ficava mais e mais sem jeito. Quando a mãe desligou o telefone, o seu olhar para ele significava desastre.

— Eu fiz! — ele gritou de repente. — Joacir e eu estávamos jogando bola na sala, e eu esbarrei no abajur. Foi um acidente mãe, acredite. Não contaria uma mentira para vocês...

 ## O MAPA DO TESOURO

Conforme Provérbios, uma "língua mentirosa" é mais um dos sete pecados que Deus odeia (6:16-19). Porque Ele aborrece tanto esse pecado, faz de tudo para arrancá-lo pelas raízes e revelá-lo em todo o seu poder venenoso.

> *A falsa testemunha não fica impune,*
> *e o que profere mentiras não escapa.* (Provérbios 19:5)

> *O lábio veraz permanece para sempre,*
> *mas a língua mentirosa, apenas um momento.* (Provérbios 12:19)

Talvez nenhum outro pecado seja tão devastador em uma família quanto o pecado da mentira, pois mina o alicerce que apoia a estrutura do lar: a confiança e a verdade.

 **CAVANDO FUNDO**

1) Leia Efésios 4:25. Por que a Confiança e a Verdade são tão importantes para a sobrevivência da família (e igreja)? Como a mentira mina o alicerce da família?

2) Números 32:23 diz que *o vosso pecado vos há de achar*. Por que você acha que é difícil esconder mentiras? Por que quase sempre a verdade aparece?

3) Leia a história de Ananias e Safira em Atos 5:1-11. Muitas vezes Deus compara a igreja a uma família. Por que você acha que Ele expôs a mentira deles?

 **ABRINDO O BAÚ**

Você consegue se lembrar de alguma vez quando alguém que você conhece (ou você mesmo) mentiu e foi descoberto? O que aconteceu?

 **UMA ORAÇÃO**

Senhor, ensina-me a admitir minhas fraquezas e sempre falar a verdade. Ajuda-me a construir um fundamento de confiança e verdade no lar e na igreja. Amém.

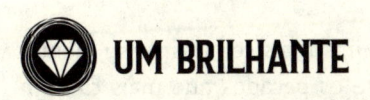 **UM BRILHANTE**

A falsa testemunha não fica impune,
e o que profere mentiras não escapa. (Provérbios 19:5)

2. PROMESSAS ESQUECIDAS

O homem fiel sua palavra a mantém,
mesmo que custe tudo o que tem.

O pequeno Paulo não continha seu ânimo. Durante algumas semanas havia implorado ao seu pai que o levasse para pescar. Finalmente, o pai abriu uma data no seu calendário cheio. Durante a semana Paulinho preparava tudo, pegava minhocas; brincava com a vara de pescar; separava os anzóis e chumbinho nos compartimentos da caixa de pesca. Em suas orações pedia bom tempo para o sábado. E agradecia a Deus pelo papai que iria levá-lo para pescar.

Mas na sexta-feira à noite o telefone celular do pai tocou. Havia uma emergência na firma, e precisavam dele imediatamente. Quando ele saiu, os sonhos do filhinho se dissiparam. Naquela noite, Paulinho não fez suas orações, mas chorou no travesseiro.

Às 6h30, no dia seguinte, uma grande mão estava sacudindo-o para acordar. "Vamos, filhão, hoje é o dia. Os peixes nos aguardam!". Era seu pai! Trabalhara a noite inteira, mas não iria deixar um pouco de sono interferir em um dos dias mais importantes na vida do seu filho. Com um pulo e um grito, Paulinho abraçou seu pai e correu para pegar a vara.

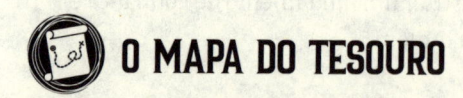 ## O MAPA DO TESOURO

Promessas quebradas são uma das maneiras mais comuns de se mentir. Segundo Provérbios, também ficam entre os pecados que mais causam desânimo. Talvez porque produzam grandes expectativas que desaparecem em desilusão.

Como nuvens e ventos que não trazem chuva,
assim é o homem que se gaba de dádivas que não fez. (Provérbios 25:14)

Ao insensato não convém a palavra excelente;
quanto menos ao príncipe, o lábio mentiroso! (Provérbios 17:7)

Muitas vezes fazemos promessas que não cumprimos. "Vou orar por você". "Vou consertá-lo assim que chegar do serviço." "Quando você ficar mais velho, vou levá-lo ao circo." "Vou ligar para você." Todas essas promessas podem ser facas de dois gumes. Promessas quebradas só levam ao desapontamento, ou pior, à amargura.

 ## CAVANDO FUNDO

1) Salmos 15:4 diz que o homem íntegro jura com dano próprio e não se retrata. O que isso significa?
2) Leia Tiago 3:2. Por que é tão fácil fazer promessas? Como você poderia se disciplinar para melhor controlar sua língua nessa área?

 ## ABRINDO O BAÚ

Você consegue lembrar de promessas que fez no passado e nunca cumpriu? Se ainda consegue acertar a situação, que tal nesta semana? Se não, você já pediu perdão para a pessoa que ofendeu?

 ## UMA ORAÇÃO

Pai, ajuda-me a cumprir minha palavra como filho teu. Que eu seja uma pessoa íntegra, que guarda sua palavra mesmo que doa. Ensina-me a ser fiel, assim como tu és fiel. Amém.

 ## UM BRILHANTE

A falsa testemunha não fica impune,
e o que profere mentiras não escapa. (Provérbios 19:5)

3. BRINCADEIRINHA...

O tolo machuca sua companheira,
mas depois ele diz que foi só brincadeira.

Era uma vez um menino que cuidava das ovelhas de uma pequena vila. Ele se sentia muito só na montanha, e desejava muito alguns companheiros. Um dia, teve uma ideia. Começou a gritar "Lobo, lobo! Um lobo está atacando o rebanho!". O povo da vila correu ao pasto com tridentes e bastões, mas quando chegaram, não havia lobo algum, somente um pequeno pastor sorridente. "Só estava brincando", disse ele.

Alguns meses se passaram, e outra vez o menino sentiu a pressão da solidão. Outra vez gritou "Lobo, lobo! Um lobo está atacando o rebanho!". Mais uma vez o povo da vila correu para socorrê-lo, mas ouviram de novo "Foi só uma piada".

No final daquele ano, enquanto o povo atendia aos seus negócios na vila, de repente veio um grito desesperado do pasto. "Lobo, lobo! Um lobo está atacando o rebanho!". Mas as pessoas ignoraram o grito. "É aquele moleque de novo", pensaram. E continuaram com seus negócios, somente para descobrir mais tarde que o menino havia desaparecido, com algumas ovelhas. E o lobo viveu contente para sempre.

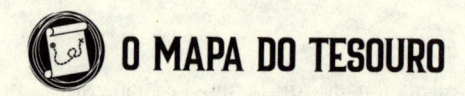 O MAPA DO TESOURO

A história do menino que gritou "lobo!" nos adverte contra os perigos de brincadeiras enganosas. Conforme Provérbios, pessoas são prejudicadas quando piadas, trotes e outras brincadeiras ficam fora de controle.

> *Como o louco que lança fogo, flechas e morte,*
> *assim é o homem que engana o seu próximo e diz:*
> *Fiz isso por brincadeira.* (Provérbios 26:18,19)

Brincadeiras e piadas que enganam outras pessoas são formas de mentira. Muitas vezes levam a um aumento de trotes que terminam com pessoas magoadas, relacionamentos prejudicados e coisas quebradas. No mínimo, deve haver um grande cuidado nesse tipo de brincadeira. Conforme Provérbios, talvez fosse melhor abandoná-las totalmente.

 ## CAVANDO FUNDO

1) Por que o brincalhão sem discrição é como "o louco que lança fogo, flechas e morte"?
2) Leia Colossenses 3:8-10. Por que o cristão deve abandonar todo tipo de mentira?

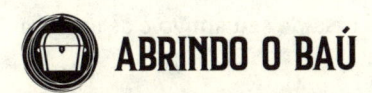 ## ABRINDO O BAÚ

Em quais circunstâncias seria permissível fazer brincadeiras e outros trotes? Quais os limites que não devem ser ultrapassados?

 ## UMA ORAÇÃO

Senhor, ajuda-me a não mentir, mesmo na brincadeira.
Guarda-me para não machucar outras pessoas com
minhas piadas. Amém.

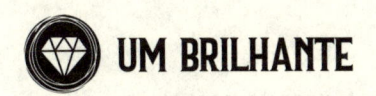 ## UM BRILHANTE

A falsa testemunha não fica impune,
   e o que profere mentiras não escapa. (Provérbios 19:5)

4. QUANTAS FORMAS...?

A língua má é criativa,
tem mil maneiras de ser ofensiva.

O hábito de mentir muitas vezes começa com as chamadas "mentiras inocentes". Pense nestes exemplos:

- ◆ Você copia as respostas na tarefa de casa de seu amigo e as entrega como se fossem suas.
- ◆ Você recusa um convite para um evento que não quer frequentar dizendo que precisa estudar para um exame (mas já estudou).
- ◆ Você fala para sua mãe que já estudou piano, quando de fato ainda faltam dez minutos.
- ◆ Você escreve um relatório sobre um livro que somente leu pela metade, dando a impressão de que leu tudo.
- ◆ Você finge resultados em um relatório sobre uma experiência na aula de química, porque sabe a resposta que o professor quer.
- ◆ Você bajula sua tia rica pensando que talvez algum dia valerá a pena.

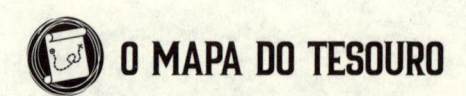 **O MAPA DO TESOURO**

Ouça as palavras de Provérbios sobre várias formas de mentir:

O malfazejo atenta para o lábio iníquo;
mentiroso inclina os ouvidos para a língua maligna. (Provérbios 17:4)

Trabalhar por adquirir tesouro com língua falsa
é vaidade e laço mortal. (Provérbios 21:6)

Dois pesos são cousa abominável ao Senhor,
e balança enganosa não é boa. (Provérbios 20:23)

Suave é ao homem o pão ganho por fraude,
mas depois a sua boca se encherá de pedrinhas de areia.
(Provérbios 20:17; veja também 12:22; 13:5; 19:22b)

CAVANDO FUNDO

1) Por que você acha que é fácil estender a verdade por meio de exagero, bajulação, mentiras brancas e fofoca? O que está na raiz desses pecados?
2) Provérbios 19:22b diz que *o pobre é preferível ao mentiroso*. Mas muitas pessoas mentem justamente na área financeira. Por quê?
3) Leia João 8:44. Quem é o pai da mentira? Por quê?

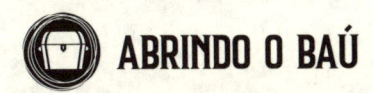

ABRINDO O BAÚ

Preste atenção hoje à tentação de mentir por meio de exagero, bajulação e fofoca. Quantas vezes você é tentado a torcer um pouquinho a verdade por interesses pessoais?

UMA ORAÇÃO

Senhor Jesus, ajuda-me a falar sempre a verdade em amor. Guarda-me de pecados sutis de mentira. Livra-me de bajulação, engano e fofoca. Amém.

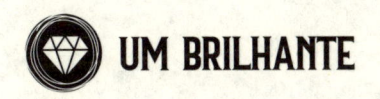

UM BRILHANTE

A falsa testemunha não fica impune,
e o que profere mentiras não escapa. (Provérbios 19:5)

CAPÍTULO SEIS

VIDA E AMOR

AMIGOS PARA SEMPRE

I. FUGINDO DAS MÁS COMPANHIAS

O tolo escolhe amigos perversos,
que levam sua vida a males diversos.

Marcelo realmente admirava "os quatro". Foi assim que seus colegas haviam apelidado o quarteto de brigões da escola que andavam – e bagunçavam – juntos. Eram conhecidos como os rapazes mais duros, mais rebeldes e mais fortes da escola. Todo mundo tinha medo deles, inclusive a diretora.

Imagine, então, o susto que Marcelo levou quando Pedrão, o líder do grupo, o chamou de lado para uma "conversa". Mas o susto virou alívio quando Pedrão o convidou para participar de uma festa no sábado à noite. Marcelo sentiu-se honrado. Não podia perder essa chance de ganhar o respeito que tanto almejava – custasse o que custasse.

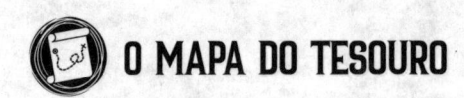 ## O MAPA DO TESOURO

Alguns dizem que o homem é conhecido pelos amigos que tem. O pai em Provérbios fala muito sobre amizade e como escolher amigos. O bom amigo constrói o caráter de seu colega. O "amigo" perverso corrompe seu companheiro. Escute o conselho do pai:

> *Não tenhas inveja do homem violento,*
> *nem sigas nenhum de seus caminhos;*
> *porque o Senhor abomina o perverso,*
> *mas aos retos trata com intimidade.* (Provérbios 3:31,32)

 ## CAVANDO FUNDO

1) Leia Provérbios 3:31-35 e identifique as características do companheiro perverso que o filho sábio evita.
2) Pense em uma amizade que o influenciou negativamente. Quais foram as consequências?

3) Leia Filipenses 4:8,9 e compare a Provérbios 1:10-19 ou 2:11-15. Como esses versículos podem ser aplicados na escolha de amigos?

ABRINDO O BAÚ

Você já identificou aqueles de má influência na sua escola, serviço ou vizinhança, que usam ou vendem drogas? Eles são imorais, brigões ou bêbados? Como evitar sua influência? Como ser uma influência positiva na vida de outros atualmente?

UMA ORAÇÃO

Senhor, dá-me a coragem de resistir à influência de maus companheiros. Mostra-me pessoas que temem ao Senhor para serem minhas amigas. Amém.

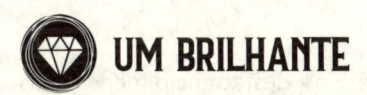 UM BRILHANTE

Não tenhas inveja do homem violento,
  nem sigas nenhum de seus caminhos;
porque o Senhor abomina o perverso, mas
  aos retos trata com intimidade. (Provérbios 3:31,32)

2. A TURMA DA PESADA

Andar com o homem revoltoso
para o filho de Deus é perigoso.

Algo em Rony realmente atraía Zezinho. Rony tinha tudo que Zé faltava – autoconfiança, ousadia, coragem para falar e fazer coisas que as pessoas imaginam, mas não ousam realizar. Parecia que Rony não tinha medo de nada e de ninguém. Zezinho sabia que uma parte do "respeito" que os outros tinham de Rony era por medo de sua língua ferina e do seu jeitão explosivo. Apesar disso, defendia sua amizade com Rony pensando que talvez pudesse influenciá-lo positivamente. Mas todas as suas justificativas foram por água abaixo no dia em que ele foi suspenso da escola com Rony, por estar na companhia dele quando este pichou a porta o diretor. Infelizmente, não foi Rony, mas sim Zezinho quem teve de dar satisfação aos seus pais...

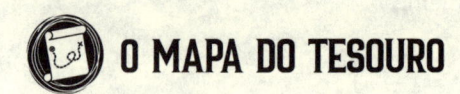 O MAPA DO TESOURO

Quando o pai trata de amizades em Provérbios, destaca pelo menos duas pessoas altamente perigosas:

> *Não te associes com o iracundo,*
> *nem andes com o homem colérico,*
> *para que não aprendas as suas veredas e,*
> *assim, enlaces a tua alma.* (Provérbios 22:24,25)

> *Teme ao Senhor, filho meu, e ao rei*
> *e não te associes com os revoltosos,*
> *porque de repente se levantará a sua perdição,*
> *e a ruína que virá daqueles dois, quem a conhecerá?* (Provérbios 24:21,22)

Você conhece pessoas iracundas ou revoltosas? Que vivem reclamando, reivindicando seus direitos, levantando queixas, explodindo em horas inapropriadas? Ao redor delas, todos se sentem pisando em ovos, com medo de ofendê-las e sofrer as consequências de sua ira. Segundo o pai em Provérbios, elas são extremamente perigosas! Seus companheiros podem se tornar vítimas de várias maneiras. Isso porque o iracundo e o rebelde tendem influenciar os outros, e não serem influenciados. Cuidado com o colega rebelde! Seu veneno, um dia, pode atingir você!

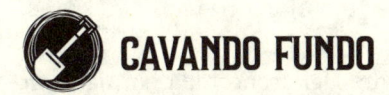 CAVANDO FUNDO

1) Avalie essa colocação de um jovem: "Eu ando com aquele grupo de rebeldes na escola, porque eles precisam de uma boa influência".
2) Leia 1Coríntios 5:9-13. Conforme o apóstolo Paulo, o crente deve evitar que tipo de companheiro?

 ABRINDO O BAÚ

Há pessoas em seu bairro ou em sua escola que você evita? Quem? Por quê?

 UMA ORAÇÃO

Ó Deus soberano, dá-me discernimento para perceber o caráter das pessoas que me influenciam, e a sabedoria de evitar aquelas que me contagiariam com suas atitudes ruins. Amém.

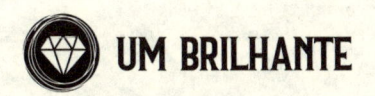 UM BRILHANTE

Não tenhas inveja do homem violento,
nem sigas nenhum de seus caminhos;
porque o Senhor abomina o perverso, mas
aos retos trata com intimidade. (Provérbios 3:31,32)

3. ESCOLHENDO BONS AMIGOS

O bom companheiro causa melhoras
no seu amigo em todas as horas.

Todo mundo aplaudiu quando finalmente Lígia concordou em namorar Roberto. Ele era um gatão – bonito, atlético, inteligente, de uma família respeitada. Os pais de Lígia ficaram superfelizes. Todas as suas amigas ficaram com ciúmes. Todas – menos uma.

Kátia, sua melhor amiga, não falou muito no início. Mas depois de observar o namoro por algum tempo, chamou Lígia de lado e apontou algumas coisas que a haviam incomodado.

– Lígia, estou preocupada. Você não é mais a mesma pessoa. Gosto do Roberto, mas parece que ele não tem um compromisso sério com Deus. E confesso que não me sinto bem com a rapidez desse namoro.

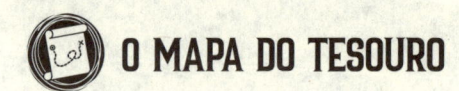 ## O MAPA DO TESOURO

O amigo verdadeiro é tão agradável quanto o perfume, mas quando necessário, é duro como uma pedra de afiar. Veja essas características nestes dois textos de Provérbios:

> *Como o óleo e o perfume alegram o coração,*
> *assim, o amigo encontra doçura no conselho cordial [...].*
> *Como o ferro com o ferro se afia,*
> *assim, o homem, ao seu amigo.* (Provérbios 27:9,17)

O verdadeiro amigo causa melhorias na vida e no caráter de seu colega.

- Ele dá conselho sadio, provavelmente porque aplica bem a sabedoria divina à necessidade do amigo. Suas recomendações agradam seu companheiro porque dão certo!
- Ele desafia o caráter de seu colega. Mesmo que o processo machuque, não desista. Outros ao seu redor podem perceber mudanças positivas.

 CAVANDO FUNDO

1) Qual a primeira pessoa a quem você recorre quando precisa de um conselho urgente e sadio? Por quê?
2) Leia 2Coríntios 6:14-18. Quais as razões dadas no texto para não nos colocarmos em jugo desigual com os incrédulos?

ABRINDO O BAÚ

Como o princípio do jugo desigual se aplica às suas amizades? Um cristão pode ter amigos descrentes? Seu melhor amigo, ou namorado(a) pode ser um descrente? Se seu melhor amigo não é crente, que tal pedir a Deus ainda hoje que lhe dê um amigo cristão?

UMA ORAÇÃO

Bondoso Deus, faze de mim um amigo de verdade para que eu influencie positivamente meus amigos. Também concede-me humildade para aproveitar os conselhos e críticas de meus amigos. Amém.

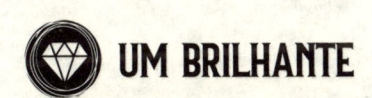 UM BRILHANTE

Não tenhas inveja do homem violento,
nem sigas nenhum de seus caminhos;
porque o Senhor abomina o perverso, mas
aos retos trata com intimidade. (Provérbios 3:31,32)

4. AMIGOS DE VERDADE

O amigo de verdade é muito raro,
pois lealdade e amor custam caro.

Carmem não sabia como começou, mas não aguentava mais. Alguém da igreja havia espalhado um boato sobre ela e seu namorado, Marcos. Não era verdade, mas o que importava agora? Domingo à tarde, ao entrar na sala de reunião da mocidade, sentiu a mudança nas conversas e um frio paralisante.

Depois do culto, nenhuma senhora cumprimentou-a, mas todas viraram as costas e fizeram de conta que ela não estava ali. Justamente na hora em que decidia nunca mais voltar àquela igreja, sua melhor amiga, Márcia, chegou perto, a abraçou e disse:

— Sei que você não é perfeita, Carmem, mas eu não acredito em nada do que estão dizendo. Estarei do seu lado sempre.

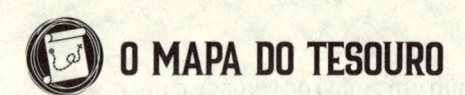 ## O MAPA DO TESOURO

Você gostaria de ter uma amiga fiel igual a Márcia? Como identificar um amigo assim? Veja como Provérbios descreve o comportamento do verdadeiro amigo:

> *Em todo tempo ama o amigo,*
> *e na angústia se faz o irmão.* (Provérbios 17:17)

> *Leais são as feridas feitas pelo que ama,*
> *porém os beijos de quem odeia são enganosos.* (Provérbios 27:6)

Estes dois textos resumem outra característica do verdadeiro amigo. Ele é leal. Sua lealdade manifesta-se no consolo e no confronto.

- Ele não abandona seu amigo nos tempos difíceis; ao contrário, chega mais perto para consolá-lo nas horas de dificuldade. Esse compromisso de lealdade estende-se até à geração seguinte (veja Provérbios 27:10)!
- O verdadeiro amigo não usa máscaras. Fala o que o amigo precisa ouvir, não o que ele deseja ouvir. Tem "peito" para confrontar, porque

ama o amigo mais do que a própria amizade. Por isso critica francamente quando é necessário.

 ## CAVANDO FUNDO

1) Pense em alguém que você considera um verdadeiro amigo. De que maneira ele se mostrou fiel?
2) Leia Gálatas 6:1-5 e avalie seus relacionamentos. Você possui um amigo que tem liberdade (e coragem) para confrontá-lo? Você tem disposição (e liberdade) para confrontar seu amigo também?

 ## ABRINDO O BAÚ

Quem é seu melhor amigo? Você tem sido leal a ele(a)? Como pode mostrar sua fidelidade hoje mesmo?

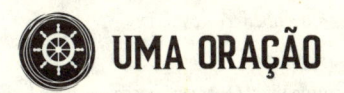 ## UMA ORAÇÃO

Senhor, muito obrigado pela vida de _____

_____

(nomes dos seus melhores amigos). Ajuda-nos a sermos leais no confronto e no consolo mútuo. Amém.

 ## UM BRILHANTE

Não tenhas inveja do homem violento,
  nem sigas nenhum de seus caminhos;
porque o Senhor abomina o perverso, mas
  aos retos trata com intimidade. (Provérbios 3:31,32)

PREPARANDO-SE PARA UMA FAMÍLIA FELIZ

I. A BÊNÇÃO DO CASAMENTO

*O bom casamento feito nos céus
vem lá do alto, é um dom de Deus.*

Nesta era de separação, divórcio, esposas e crianças maltratadas e lares desfeitos, será que ainda é possível um casamento feliz? Ou isto merece um lugar no museu, como fóssil de uma época passada? O lar verdadeiramente cristão ainda está ao nosso alcance? Como? Observe essa mensagem de esperança sobre a bênção do casamento:

Há muitas bênçãos para o homem que ama e obedece ao Senhor andando sempre nos seus caminhos.

Seu trabalho renderá muito e em todas as áreas da vida ele será feliz. Sua esposa será uma fonte de alegria para ele! Seus filhos serão fortes e cheios de saúde como uma oliveira nova, reunidos à volta da mesa.

Esta é a bênção que o Senhor dá ao homem que O ama e obedece aos seus mandamentos.

Que o Senhor abençoe a você, lá do Santo Lugar onde vive! Que você possa ver Israel crescer e progredir, e tenha uma vida longa, para se alegrar com os seus netos.

(Salmo 128 – A Bíblia Viva)

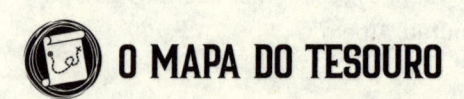 ## O MAPA DO TESOURO

Talvez alguns cheguem a dar risada diante da possibilidade de um casamento "feito nos céus", mas Provérbios deixa claro o fato de que um bom casamento vem como presente de Deus.

O que acha uma esposa acha o bem e alcançou a benevolência do Senhor.
(Provérbios 18:22)

A casa e os bens vêm como herança dos pais; mas do Senhor, a esposa prudente.
(Provérbios 19:14)

Estes versículos nos lembram de que é Deus quem une duas pessoas diferentes para formar um casamento feliz. Ele derrama essa graça sobre nós como fruto do seu cuidado e amor.

 ## CAVANDO FUNDO

1) Leia Salmos 127:1,2. Por que é inútil tentar construir um lar sobre qualquer fundamento que não seja o Senhor?
2) O texto de 2Coríntios 6:14 tem sido usado para proibir o casamento misto entre crentes e descrentes. Mesmo assim, alguns dizem que foi a vontade de Deus que se casassem com incrédulos. O que você acha?

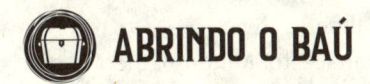 ## ABRINDO O BAÚ

Que tal orar hoje por seu futuro cônjuge (se for a vontade de Deus que você se case) ou pelos futuros cônjuges dos seus filhos?

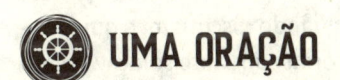 ## UMA ORAÇÃO

Senhor, peço que tu me abençoes com uma família feliz.
Ajuda-me a construir um alicerce sólido para meu futuro lar.
Guarda-me na tua vontade enquanto eu me preparo para o futuro. Amém.

 ## UM BRILHANTE

O que acha uma esposa acha o bem
e alcançou a benevolência do Senhor. (Provérbios 18:22)

2. ESCOLHAS ERRADAS

*Aquele que casa sem olhos abertos
acordará quando passa por apertos.*

Foi como se seu pior pesadelo se tornasse realidade. Cíntia nunca imaginou que a vida pudesse ser tão insuportável. Tomara não tivesse sido tão teimosa! Havia se encontrado com Milton em uma festa de aniversário de uma colega. Ele concluiu o ensino médio um ano antes e trabalhava como entregador de Fast Food. No início os dois se deram muito bem. Começaram o namoro e dois meses depois já noivaram. Parecia para Cíntia que todos os seus sonhos estavam se realizando. Muitas pessoas advertiram ao casal contra a sua pressa excessiva, mas Cíntia afirmava saber o que estava fazendo. Uma semana depois de sua formatura, ela se casou com Milton.

Agora ela realmente percebeu o que tinha feito. Milton não era o que parecia. Logo após o casamento perdeu seu emprego. Agora, dificilmente acordava antes do meio-dia. Não levantava um dedinho para ajudar com as tarefas de casa, mas reclamava o bastante sobre a faxina que a Cíntia fazia. Ele não era nem um pouco educado quando comia, e tomava poucos banhos. E o pior é que começou a bater nela quando discutiam, o que ocorria com mais e mais frequência. "Ó Deus", ela orou enquanto soluçava silenciosamente antes de dormir, "tira-me desta furada!"

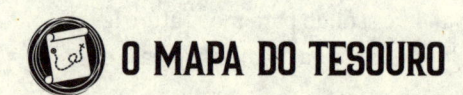 ## O MAPA DO TESOURO

Provérbios adverte contra o casamento precipitado, advertindo o filho (que seria o próximo rei) contra a "mulher rixosa", mas revelando para todos as consequências de um cônjuge insuportável.

> *A mulher sábia edifica a sua casa,*
> *mas a insensata, com as próprias mãos, a derriba.* (Provérbios 14:1)

> *Melhor é morar no canto do eirado*
> *do que junto com a mulher rixosa na mesma casa.* (Provérbios 21:9)

> *Melhor é morar numa terra deserta*
> *do que com a mulher rixosa e iracunda.* (Provérbios 21:19)

O gotejar contínuo no dia de grande chuva
e a mulher rixosa são semelhantes.
Contê-la seria conter o vento,
seria pegar o óleo na mão. (Provérbios 27:15,16; cf. 19:13)

Sem dúvida, tudo que Provérbios fala da mulher rixosa aplica-se ao homem mal-humorado também. Algumas pessoas exaltam tanto o casamento, que ficam desesperadas e se casam com o primeiro que se apresenta como candidato. Infelizmente, utilizam o restante de suas vidas em um real desespero, em um casamento infeliz.

 ## CAVANDO FUNDO

1) Aliste alguns dos passos errados que Cíntia tomou em seu relacionamento com Milton. Por que é tão difícil aconselhar alguém sobre um relacionamento quando essa pessoa já está emocionalmente envolvida?
2) Leia Efésios 5:22-33. Quais as qualidades que Deus espera do marido e da esposa no casamento? Como essas qualidades podem ser desenvolvidas antes do casamento?

 ## ABRINDO O BAÚ

Se você ainda não tem uma lista, mental ou escrita, de qualidades que espera no seu futuro cônjuge, que tal fazê-la hoje? Coloque seus desejos perante Deus, mas procure desenvolver as mesmas qualidades no seu caráter primeiro.

 ## UMA ORAÇÃO

Senhor, ajuda-nos a conhecer a tua vontade em nossos relacionamentos. Guarda-nos de envolvimentos emocionais que nos cegam e podem nos levar a compromissos prematuros. Amém.

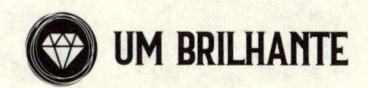 ## UM BRILHANTE

O que acha uma esposa acha o bem
e alcançou a benevolência do Senhor. (Provérbios 18:22)

3. AMIGOS PARA SEMPRE

Antes que cases,
vê o que fazes!

Luiz e Simone casaram-se como melhores amigos. Como aconteceu? Pela graça de Deus, seguiram alguns princípios sugeridos pelo seu pastor.

1) Cada um fez uma lista das qualidades bíblicas que desejavam em um cônjuge e que achava iriam completá-los antes de desenvolver um relacionamento sério.
2) Enfatizavam os aspectos da amizade acima do envolvimento romântico em todos os seus relacionamentos.
3) Cada um conheceu os pais do outro, e Luiz pediu permissão ao pai de Simone antes de iniciar o namoro.
4) Concordaram em não conversar sobre casamento sem a segurança de saber que as duas famílias estavam de acordo com o progresso do relacionamento.
5) Evitavam contato físico antes de assumirem o compromisso do casamento.

Princípios diretos de Marte? Talvez. Mas Luiz e Simone diriam que seu relacionamento é realmente de outro planeta. Depois de anos de casamento, continuam como melhores amigos. Pela graça de Deus, a mesma coisa pode acontecer a qualquer um.

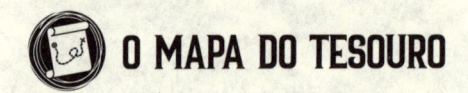 O MAPA DO TESOURO

Nada se compara à alegria de se casar bem. Nenhuma precaução é demais na tentativa de estabelecer um casamento sólido.

> *Mulher virtuosa, quem a achará?*
> *O seu valor muito excede o de finas joias.*
> *O coração do seu marido confia nela,*
> *e não haverá falta de ganho.*
> *Ela lhe faz bem, e não mal,*
> *todos os dias da sua vida.* (Provérbios 31:10-12)

 ## CAVANDO FUNDO

1) Quais são algumas das maneiras pelas quais os padrões atuais de namoro em nossa cultura preparam os jovens para o fracasso e não sucesso no lar?
2) Leia Provérbios 31:10-31. Não é de se admirar que a mulher virtuosa valha mais que rubis! (Só precisamos lembrar o fato de que esses versículos caracterizam a vida inteira de uma mulher, não necessariamente sua segunda-feira!)
3) Leia Efésios 6:1-3. De que maneira Deus pode usar os pais para ajudarem seus filhos a encontrarem o cônjuge ideal?

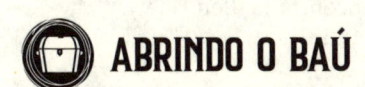 ## ABRINDO O BAÚ

Se você nunca estabeleceu padrões de namoro e noivado, que tal fazê-lo hoje? Pense no ideal bíblico, e peça que Deus lhe dê a graça de atingi-lo.

 ## UMA ORAÇÃO

Pai, prepara-me para um casamento feliz. Prepara meu futuro cônjuge também para ser aquele(a) companheiro(a) fiel que tanto preciso. Ajuda-me a ser o tipo de marido ou esposa que o Senhor quer que eu seja. Amém.

 ## UM BRILHANTE

O que acha uma esposa acha o bem
e alcançou a benevolência do Senhor. (Provérbios 18:22)

4. CARÁTER MAIS QUE BELEZA

Regimes e "malhação" enfeitam por hora;
caráter por dentro não vai embora.

Casamento com a pessoa certa é refúgio nas tempestades da vida; com a pessoa errada, uma tempestade no refúgio (J. P. Senn).

Lembre-se disto. Se casar por beleza, estará preso para o restante de sua vida por aquilo que provavelmente não durará nem agradará mais que um ano (Sir Walter Raleigh).

Deus, ajude o homem que resolve não se casar até encontrar a mulher perfeita; e Deus o ajude mais ainda se ele encontrá-la (Ben Tillet).

O MAPA DO TESOURO

Provérbios destrói o mito que diz que felicidade no casamento está diretamente relacionada ao grau de beleza do cônjuge que você consegue. O que realmente importa ao longo dos anos de um relacionamento a dois é o caráter, não a aparência.

> *A mulher virtuosa é a coroa do seu marido,*
> *mas a que procede vergonhosamente é como podridão nos seus ossos.*
>
> (Provérbios 12:4)

> *Como joia de ouro em focinho de porco,*
> *assim é a mulher formosa que não tem discrição.* (Provérbios 11:22)

> *Enganosa é a graça, e vã, a formosura,*
> *mas a mulher que teme ao Senhor, essa será louvada.* (Provérbios 31:30)

 CAVANDO FUNDO

1) Qual a importância da atração física antes do casamento? E depois?
2) Leia 1Pedro 3:3-6. Qual deve ser sua prioridade ao preparar-se para o casamento?

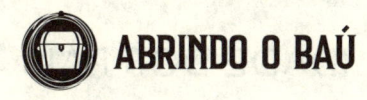 ## ABRINDO O BAÚ

Será que você tem menosprezado algumas pessoas ao seu redor por não possuírem uma aparência tão admirável, mas que têm um belo caráter? Que tal valorizar um pouco mais o interior das pessoas em torno de você, e não a parte superficial?

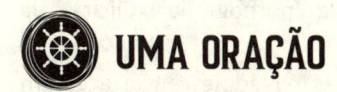 ## UMA ORAÇÃO

Senhor, perdoa-me por enfatizar demais as aparências. Ensina-me a valorizar e a desenvolver qualidades interiores de caráter enquanto me preparo para o futuro. Amém.

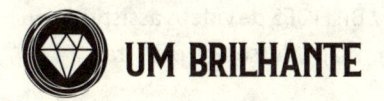 ## UM BRILHANTE

O que acha uma esposa acha o bem
e alcançou a benevolência do Senhor. (Provérbios 18:22)

PUREZA MORAL

I. A RESPONSABILIDADE DOS PAIS

O ensino dos pais sobre a sexualidade protege seus filhos da sensualidade.

As estatísticas são alarmantes e pioram a cada ano:

- Até 11 anos, a criança media já foi exposta à pornografia explícita pela internet.
- 93% dos meninos e 62% das meninas na adolescência acessam pornografia.
- Crianças com menos de 10 anos assistem 22% da quantidade enorme de pornografia consumida por pessoas com menos de 18 anos.
- Um único site pornográfico registrou 4,6 bilhões de horas de acesso, o equivalente de 524,000 anos, com 92 BILHÕES de vídeos assistidos, ou seja, o equivalente de 12,5 vídeos para cada pessoa no planeta.[1]

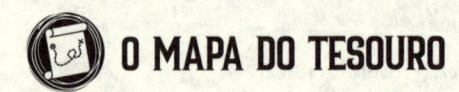 ## O MAPA DO TESOURO

Talvez um dos assuntos mais difíceis para pais conversarem com seus filhos é o que trata dos "fatos da vida". Assim sendo, na ausência de instrução apropriada, bíblica e relevante, os filhos terão de se virar em um mundo hostil e contrário aos valores bíblicos.

> *Agora, pois, filho, dá-me ouvidos e não te desvies das palavras da minha boca.*
> *Afasta o teu caminho da mulher adúltera e não te aproximes da porta da sua casa;*
> *para que não dês a outrem a tua honra, nem os teus anos a cruéis.*
>
> (Provérbios 5:7-9)

A informação que o jovem recebe por meio de seus colegas, da mídia, da música popular e da sociedade em geral é quase sempre uma distorção da perspectiva bíblica sobre a sexualidade. Mães e pais precisam alcançar seus

---

[1] Tim Challies 10 Ugly Numbers Describing Pornography Use in 2017 (11/04/17)
https://www.challies.com/articles/10-ugly-and-updated-numbers-about-pornography-use

filhos primeiro, mas não cedo demais, para que eles mesmos não aticem a curiosidade deles. Exige muita sabedoria – e coragem! De outro lado, os filhos precisam ter a liberdade de procurar seus pais para obter as respostas que necessitam para suas perguntas. Têm de saber que seus pais darão a melhor resposta possível, em um jogo aberto. Que maneira maravilhosa de abrir canais de comunicação na família!

 ## CAVANDO FUNDO

1) Por que os pais devem ser a principal fonte de informação sobre questões morais? De que maneira os próprios pais podem poluir a mente de seus filhos? Como encontrar equilíbrio?
2) Leia 1Coríntios 6:18 e Gênesis 39:12. Qual a resposta correta quando você cai em emboscadas de tentação? Quais são algumas maneiras práticas de fugir delas atualmente?

 ## ABRINDO O BAÚ

Preste atenção hoje mesmo nas forças do mundo que pervertem a perspectiva bíblica da sexualidade. Quais são algumas das mensagens diretas e sutis que você enfrenta diariamente?

 ## UMA ORAÇÃO

Pai, dá-me coragem para pensar biblicamente sobre a pureza moral. Ajuda-me a abrir canais de comunicação enquanto resisto às pressões e tentações do nosso mundo. Amém.

 ## UM BRILHANTE

Afasta o teu caminho da mulher adúltera
e não te aproximes da porta da sua casa. (Provérbios 5:8)

2. A REALIDADE DA TENTAÇÃO

O mundo tão cheio de laços carnais
prende quem segue a paixões sensuais.

Com 15 anos de idade, Adriana já não tinha boa reputação. Havia ficado com vários rapazes do colégio e eles não deixavam de mencioná-la quando contavam as histórias de suas conquistas. Talvez tenha sido por isso que Dário ficou vermelho quando Adriana se aproximou dele depois da última aula.

— Vi você jogando bola outro dia — ela começou. — Você é muito bom.

— Uh, uh, obrigado — Dário quase engasgou na palavra. — Mas não foi nada.

— Foi sim. Vi você marcar aquele gol. Você faz academia?

— N-n-não. Só f-f-f-faço um pouco de malhação em casa.

— Escuta, Dário, estava pensando, você não quer assistir um vídeo comigo em minha casa hoje à noite? Minha mãe tem de fazer compras no shopping. Estaremos só nós dois...

— Acho que não, Adriana. P-p-preciso estudar hoje para a prova de química. Mas, obrigado. Preciso ir agora, Tchau!

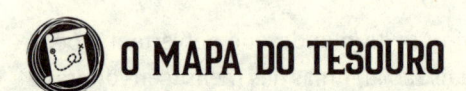 O MAPA DO TESOURO

Nossa sociedade nos bombardeia com tentações sensuais o dia todo. Pais sábios não podem e não devem permitir que seus filhos passem desprotegidos por essas emboscadas armadas pelo inimigo! O pai em Provérbios adverte seus filhos sobre a realidade da tentação antes que eles a enfrentem.

> *Por que, filho meu, andarias cego pela estranha*
> *   e abraçarias o peito de outra?*
> *Porque os caminhos do homem*
> *   estão perante os olhos do Senhor,*
> *   e ele considera todas as suas veredas.*
> *Quanto ao perverso, as suas iniquidades o prenderão,*
> *   e com as cordas do seu pecado será detido.*
> *Ele morrerá pela falta de disciplina,*
> *   e, pela sua muita loucura, perdido, cambaleia.* (Provérbios 5:20-23)

CAVANDO FUNDO

1) Leia o texto de Provérbios 7:4-27. Faça uma lista das características da pessoa imoral (sensual), e outra do ingênuo que engole sua isca. Você acha que as coisas mudaram muito desde os dias de Salomão?
2) Leia 1Coríntios 10:12,13. Quais são algumas maneiras que Deus nos proporcionou para escapar da tentação?

ABRINDO O BAÚ

Você conhece pessoas ao seu redor que já têm má reputação? Como identificá-las? Que tal reparar hoje no que marca suas vidas, e também prestar atenção no que as outras pessoas falam a respeito delas?

UMA ORAÇÃO

Senhor, proteja-me dos ataques inimigos contra minha pureza moral. Ajude-me a resistir à tentação. Transforme meus pensamentos impuros em santidade. Amém.

UM BRILHANTE

Afasta o teu caminho da mulher adúltera
e não te aproximes da porta da sua casa. (Provérbios 5:8)

3. RESPEITANDO OS LIMITES

*É tolo quem dá o que deve proteger
para ganhar um "amor" que terá de perder.*

Conta-se a história do Coelho Peter, que ignorou a advertência de sua mãe, passando pela cerca para comer alface no jardim do vizinho. O jardineiro viu o coelhinho que, depois de ter comido muita verdura, mal conseguia correr. Peter perdeu sua roupa no jardim e quase perdeu sua vida, mas finalmente conseguiu escapar. Chegou em casa despido, doente, e envergonhado diante de sua família, tudo porque passou pelas cercas de proteção erguidas para seu próprio bem.

Há muitos "Peters" no mundo atualmente. Seduzidos e enganados pelos desejos de comer no jardim de outros, saem do Caminho da Sabedoria. Os resultados são fáceis de predizer: vergonha, doença, vidas e lares arruinados e, às vezes, morte.

 ## O MAPA DO TESOURO

Conforme Provérbios, desejos sensuais representam um perigo à nossa saúde mental, emocional e espiritual. Somente respeitando as cercas de proteção estabelecidas por Deus é que poderemos evitar esse caminho perigoso.

> *... as repreensões da disciplina são o caminho da vida;*
> *para te guardarem da vil mulher*
> *e das lisonjas da mulher alheia.*
> *Não cobices no teu coração a sua formosura,*
> *nem te deixes prender com as suas olhadelas.* (Provérbios 6:23b-25)

 ## CAVANDO FUNDO

1) Leia Provérbios 5. O texto fornece quatro cercas de proteção contra a imoralidade: o ensino dos pais (1-7); a fuga (8,9); o casamento (15-19) e a onipresença de Deus (21).

2) Leia Provérbios 6:26-33 para descobrir outros resultados da imoralidade.

3) Leia 1João 2:15-17. De onde vêm os desejos impuros? O que produzem? Por quê são errados para o crente?

 ## ABRINDO O BAÚ

Pense nas cercas de proteção que Deus lhe deu (por exemplo, a história de pessoas que caíram na imoralidade e pagaram um alto preço). O que Deus quer lhe ensinar?

 ## UMA ORAÇÃO

Senhor, livra-me de desejos imorais. Proteja-me de pessoas sensuais que tiraria minha pureza moral e mental. Amém.

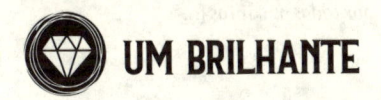 ## UM BRILHANTE

Afasta o teu caminho da mulher adúltera e não te aproximes da porta da sua casa. (Provérbios 5:8)

4. A FUGA

Aquele que brinca com a imoralidade,
contra si mesmo faz barbaridade.

Veja a história de um jovem simples que ignorou os conselhos da sabedoria:

> *... da janela da minha casa, por minhas grades, olhando eu, vi entre os simples,*
> *descobri entre os jovens*
> *um que era carecente de juízo, que ia e vinha pela rua*
> *junto à esquina da mulher estranha*
> *e seguia o caminho da sua casa,*
> *à tarde do dia, no crepúsculo, na escuridão da noite, nas trevas.*
> *Eis que a mulher lhe sai ao encontro,*
> *com vestes de prostituta e astuta de coração.*
> *É apaixonada e inquieta, cujos pés não param em casa;*
> *ora está nas ruas, ora, nas praças, espreitando por todos os cantos [...].*
> *Seduziu-o com as suas muitas palavras,*
> *com as lisonjas dos seus lábios o arrastou.*
> *E ele num instante a segue, como o boi que vai ao matadouro;*
> *como o cervo que corre para a rede,*
> *até que a flecha lhe atravesse o coração;*
> *como a ave que se apressa para o laço,*
> *sem saber que isto lhe custará a vida. (Provérbios 7:6-12,21-23)*

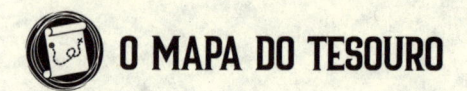 ## O MAPA DO TESOURO

De novo, o pai sábio vai direto ao assunto ensinando como escapar daquela
que talvez seja a arma mais poderosa de Satanás contra nossa pureza moral.

> *Afasta o teu caminho da mulher adúltera*
> *e não te aproximes da porta da sua casa;*
> *para que não dês a outrem a tua honra,*
> *nem os teus anos a cruéis. (Provérbios 5:8,9)*

 **CAVANDO FUNDO**

1) Avalie esta declaração. "Eu sou forte o suficiente para enfrentar uma tentação sexual".
2) Leia 1Tessalonicenses 4:3-8. Qual a vontade de Deus para cada um de nós? De que modo alguém pode "defraudar" (v. 6) outra pessoa nesse contexto?

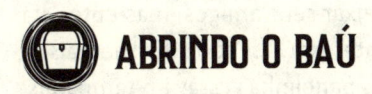 **ABRINDO O BAÚ**

Reflita sobre o significado da presença de Deus em sua vida a cada instante. A lembrança constante dessa realidade afetaria sua vida moral? De que maneira?

 **UMA ORAÇÃO**

Senhor, ajuda-me a viver vida pura, sempre ciente da tua presença comigo em todos os meus pensamentos e ações. Faze-me puro na prática como já o sou em posição com Cristo Jesus. Amém.

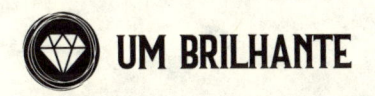 **UM BRILHANTE**

Afasta o teu caminho da mulher adúltera
e não te aproximes da porta da sua casa. (Provérbios 5:8)

ENCHER OU QUEBRAR A CARA

I. O VÍCIO

É tolo quem acha ser sofisticado,
se por uma garrafa é derrubado.

Rafael queria muito ser aceito pelos colegas de seu novo colégio. Seu pai havia sido transferido para essa cidade quando a firma que ele trabalhava decidiu mudar a sede. Rafa não queria deixar seus amigos, mas entendia que era o melhor para a família. Infelizmente, estava sendo difícil demais se entrosar com a nova turma. Parecia que as panelinhas estavam tampadas. Foi por isso que Rafa ficou tão surpreso quando um dos rapazes, o Carlão, o chamou de lado certo dia depois das aulas.

— Você é novo aqui, né? — ele perguntou.

— Sim — Rafa respondeu.

— Quer conhecer a turma?

— Mas claro; só que está um pouco difícil.

— Olha só, vai ter uma festa na minha casa sábado às 21h. Talvez essa seja sua chance. Só tem de levar sua própria garrafa.

— Não entendi...

— Você leva sua própria bebida. Aqui não dá para entrar de bico.

 ## O MAPA DO TESOURO

É só assistir à propaganda da televisão e você aprenderá como ser bonito, popular, sensual, inteligente e rico: É só beber cerveja "X". Mas essa inversão de valores bíblicos contradiz a definição bíblica de sucesso.

> *O vinho é escarnecedor,*
> *e a bebida forte, alvoroçadora;*
> *todo aquele que por eles é vencido não é sábio.* (Provérbios 20:1)

Ser vencido pela bebida significa ser controlado por ela — em outras palavras, tornar-se dependente, viciado. "Não é sábio" é uma maneira educada de dizer "tolo" ou "insensato". Não que toda pessoa que bebe uma cervejinha seja um bobo, só que corre um risco muito maior do que aquele que não a toma!

 ## CAVANDO FUNDO

1) Leia Gênesis 9:20-23. O que aconteceu com Noé? Por que ele foi tolo?
2) Leia Eclesiastes 2:1-11. Qual foi a conclusão de Salomão depois de procurar satisfação em tudo, menos em Deus?

 ## ABRINDO O BAÚ

Você sabe como adquirir drogas e/ou bebida em sua escola ou seu bairro? Sabe identificar pessoas drogadas ou bêbadas? Já sofreu pressão para entrar na delas? Como pôde resistir à tentação?

 ## UMA ORAÇÃO

Senhor, proteja-me do engano das drogas e bebidas. Que tu, Senhor, sejas a minha suficiência para não precisar correr atrás de outra satisfação. Amém.

 ## UM BRILHANTE

O vinho é escarnecedor, e a bebida forte, alvoroçadora;
todo aquele que por eles é vencido não é sábio. (Provérbios 20:1)

2. AS CONSEQUÊNCIAS

Quem paga a conta do viciado?
aqueles que ficam ao seu lado.

Francine tinha pena de Emerson, um rapaz simpático, mas marginalizado pela turma. Ela sabia um pouco da história dele, mas não sabia o que fazer para ajudá-lo. Há tempo que ele vivia preso a um círculo vicioso de ameaças, brigas e violência no seu lar. Seus pais eram alcoólatras.

Finalmente chegou o dia em que Francine teve de falar com Emerson. Ele chegou à escola atrasado, andando meio estranho e usando lentes escuras. Francine tinha certeza de que o pai de Emerson havia batido nele outra vez. Ela estava certa – mas não totalmente. Quando conversou com ele depois da primeira aula, ela mal entendia o que ele dizia. Emerson dava uma risada estranha, cheirava esquisito, e quando tirou os óculos, seus olhos pareciam estar nadando em um verdadeiro mar vermelho. Francine ficou enfurecida, pois sabia que seu amigo estava fumando maconha...

– Émerson! Como pôde entrar nessa? Depois de tudo que você já sofreu?

– Não vou sofrer mais. Achei a minha resposta... e ninguém pode me machucar mais...

 O MAPA DO TESOURO

Você não tem de ser detetive para identificar alguém que esteja usando álcool, fumando maconha ou usando outras drogas. Mesmo que consigam esconder-se de seus familiares ou amigos por um tempo, não podem encobrir o fato para sempre. Isso porque os sintomas e os resultados de seu estilo de vida tornam-se evidentes. Veja o que Provérbios diz a respeito do viciado:

> *Para quem são os ais? Para quem os pesares? Para quem as rixas?*
> *Para quem, as queixas? Para quem as feridas sem causa?*
> *E para quem os olhos vermelhos?*
> *Para os que se demoram em beber vinho,*
> *para os que andam buscando bebida misturada.* (Provérbios 23:29,30)

Leia o restante deste texto – Provérbios 23:29-35. Eis um resumo dos resultados que o vício produz.

- Brigas e contendas
- Feridas desnecessárias
- Aparência alterada
- Alucinações
- Descontrole no falar
- Atitudes impensadas
- Insensibilidade
- Dependência (vício)

 ## CAVANDO FUNDO

1) Leia Provérbios 21:17 para descobrir outro resultado da bebida. Você conhece pessoas ou famílias destruídas pelo álcool ou pelas drogas?
2) Leia Gênesis 19:30-38. O que aconteceu com Ló? Quais foram os resultados de sua bebedice? (Amom e Moabe foram inimigos do povo de Israel por séculos depois!)
3) Leia 1Coríntios 6:19,20. Quais as implicações para o crente se o seu corpo de fato é a habitação do Espírito Santo? Isso exclui o uso de álcool? Drogas? Cigarro?

 ## ABRINDO O BAÚ

Você tem hábitos que são prejudiciais para o seu corpo? Pode tomar decisões hoje para se livrar deles?

 ## UMA ORAÇÃO

Deus, pela tua graça livra-me da miséria e da angústia que os vícios causam a uma família. Usa-me para sermos luz e consolação para aqueles que estão ao meu redor, destruídos por vícios. Amém.

 ## UM BRILHANTE

O vinho é escarnecedor, e a bebida forte, alvoroçadora;
todo aquele que por eles é vencido não é sábio. (Provérbios 20:1)

3. ESCAPANDO DO VÍCIO

O jovem esperto recusa bebida,
pois sabe que rouba a força da vida.

Davi, com 15 anos de idade, sentiu-se meio sem jeito. Havia jogado futebol de salão durante mais de duas horas com o pessoal do seu prédio, a maioria muito mais velho do que ele. No último jogo, havia marcado o gol decisivo. Para celebrar, seu time decidiu pedir pizza. Mas antes que a pizza chegasse, um dos jogadores do time comprou uma jarra de cerveja para matar a sede. E o primeiro a ser brindado foi Davi. "Um brinde ao artilheiro Davi!" gritou. Todos levantaram seus copos para brindar o jovem atleta. Davi ficou vermelho, mas agradeceu a homenagem, e depois pediu um guaraná. "Não tomo cerveja", foi tudo que ele disse. Seus companheiros o olharam surpresos, mas o deixaram em paz.

O MAPA DO TESOURO

Um dos debates antigos entre cristãos tem sido: o crente pode ou não tomar bebidas alcoólicas? Embora cada indivíduo precise decidir por si mesmo se pode ou se deve, o livro de Provérbios não fica em cima do muro quanto ao cuidado que se deve ter com o álcool.

> *Não estejas entre os bebedores de vinho*
> *   nem entre os comilões de carne.*
> *Porque o beberrão e o comilão caem em pobreza;*
> *   e a sonolência vestirá de trapos o homem...*
> *Não olhes para o vinho, quando se mostra vermelho,*
> *   quando resplandece no copo e se escoa suavemente.*
> *Pois ao cabo morderá como a cobra*
> *   e picará como o basilisco.* (Provérbios 23:20,21,31,32)

Estes versículos sugerem dois passos concretos para evitar os males da bebida:

1) Não ser companheiro do beberrão e comilão (pessoas sem moderação).
2) Não ser seduzido pela sutileza e beleza da bebida. Em outras palavras, é mais provável que "quem brinca com fogo será queimado" do que o contrário. A melhor cura é a prevenção.

 CAVANDO FUNDO

1) Quais são seus padrões quanto ao álcool? Você já refletiu e conversou sobre os seus perigos?
2) Leia 1Timóteo 5:23. Algumas pessoas defendem o uso do álcool fundamentados nesse versículo. Isto é válido?

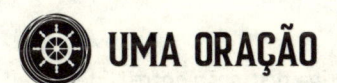 ABRINDO O BAÚ

Você acha que Davi na história citada anteriormente fez a coisa certa? O que você teria feito?

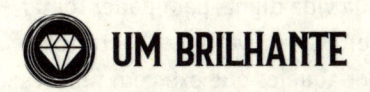 UMA ORAÇÃO

Senhor, dá-me coragem para resistir às influências negativas de nosso mundo, especialmente o abuso da bebida e comida. Livra-me de todo vício que prejudique nosso corpo, que é a habitação do teu Santo Espírito. Amém.

UM BRILHANTE

O vinho é escarnecedor, e a bebida forte, alvoroçadora; todo aquele que por eles é vencido não é sábio. (Provérbios 20:1)

4. O LÍDER E OS VÍCIOS

O homem de Deus, o líder de gente,
evita a bebida que torce a mente.

Toda a cidade ficou escandalizada com a notícia. O prefeito, recentemente reeleito pela terceira vez, um homem respeitado por todos na sociedade, foi filmado comprando cocaína numa esquina perto do centro. Era impossível negar a evidência, e por isso ele apelou para os sentimentos de seus eleitores. Da cadeia, falou entre lágrimas.

— Meus amigos, sou um de vocês! Não sou um super-homem, também cometo erros. Mas esse pequeno engano não deve apagar todos os anos de serviço fiel sob meu mandato! Tenham compaixão de mim, e me coloquem de volta ao meu lugar! Quero servir outra vez como prefeito desta maravilhosa cidade. Que a justiça seja feita!

O povo respondeu, e a justiça foi feita. Aquele prefeito ainda está na cadeia.

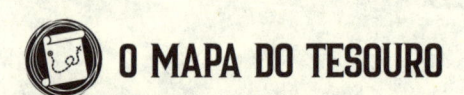 O MAPA DO TESOURO

Em nossos dias muitos têm minimizado a antiga distinção entre "líderes" e "seguidores", e com razão. Na igreja, a desvalorização do "leigo" e a exaltação do ministro têm causado muito prejuízo ao corpo de Cristo.

Ao mesmo tempo, porém, precisamos reconhecer que a Palavra de Deus mantém um alto padrão para quem aspira à liderança, seja política, seja espiritual. Como representante do próprio Deus diante dos homens, o líder precisa sempre manter sua mente clara, sua vida digna, para poder tomar decisões com autoridade e equilíbrio. Por isso Provérbios adverte contra o uso da bebida alcoólica ou drogas por aqueles que exercem funções de liderança.

> *Nao é próprio dos reis, ó Lemuel,*
> *não é próprio dos reis beber vinho,*
> *nem dos príncipes desejar bebida forte.*
> *Para que não bebam, e se esqueçam da lei,*
> *e pervertam o direito de todos os aflitos.* (Provérbios 31:4,5)

Podemos entender que o líder precisa estar em plena posse de suas faculdades mentais para conseguir discernir entre o certo e o errado. Qualquer substância que impeça seu desempenho como autoridade deve ser abandonada em sacrifício ao seu chamado.

 ## CAVANDO FUNDO

1) Leia Provérbios 31:6,7. Esses versículos vêm logo depois da proibição da bebida para líderes. Conforme esses versículos, quem pode usar bebida forte? Como isso se aplica atualmente? (Por exemplo, será que a aplicação principal seria dar remédios apropriados para quem sofre?)
2) Leia Levítico 10:1-11. Por que Deus proibiu os sacerdotes de beberem bebida forte imediatamente depois da morte de Nadabe e Abiú?
3) Leia 1Timóteo 3:2,3,8. Por que o líder cristão não deve ser "amigo" da bebida?

 ## ABRINDO O BAÚ

Avalie seus padrões quanto ao uso ou não, do álcool. Tem certeza de que seus padrões refletem os padrões da Palavra de Deus? Se não, agora é a melhor hora de modificá-los!

 ## UMA ORAÇÃO

Senhor, dá-me mente alerta e sábia para poder discernir entre o certo e o errado. Mantenha meus líderes livres de vícios que poderão prejudicar seu juízo. Amém.

 ## UM BRILHANTE

O vinho é escarnecedor, e a bebida forte, alvoroçadora;
todo aquele que por eles é vencido não é sábio. (Provérbios 20:1)

CAPÍTULO SETE

DINHEIRO E PODER

RIQUEZA OU POBREZA

I. A BÊNÇÃO DE DEUS

Se Deus lhe der prosperidade,
viva pela fé, com generosidade.

Eis uma prova para testar suas atitudes quanto ao dinheiro. Responda "verdadeiro" ou "falso" pensando no verdadeiro motivo de sua resposta:

1) Dinheiro é a raiz de todos os males.   ( )
2) É pecado para um cristão ser muito rico.   ( )
3) É mais fácil ser um crente pobre do que um crente rico. ( )

 ## O MAPA DO TESOURO

Infelizmente, o cristão muitas vezes cai em extremos nas suas atitudes quanto ao dinheiro. Alguns supervalorizam a prosperidade; outros menosprezam a riqueza como se o rico fosse pessoalmente responsável por toda a miséria do Brasil. Consideremos a perspectiva equilibrada de Provérbios ao tratar do valor das riquezas.

> *O rico e o pobre se encontram;*
> *a um e a outro faz o Senhor...* (Provérbios 22:2)

> *A bênção do Senhor enriquece,*
> *e com ela, não traz desgosto.* (Provérbios 10:22)

Devemos ter cuidado para não entender nem mais nem menos daquilo que esses versículos dizem. Alguns princípios que observamos incluem:

- Deus criou tanto o rico quanto o pobre. A acepção de pessoas é excluída.
- A bênção de Deus muitas vezes (mas nem sempre) manifesta-se em abundância material. A condição espiritual de alguém não se baseia em suas posses. Riqueza e pobreza não servem como termômetro espiritual!

- Se realmente foi Deus Quem nos abençoou, não devemos nos sentir culpados pelo que temos. Se Deus nos enriqueceu, Ele não quer que tenhamos vergonha dos seus presentes, mas que sejamos generosos em repartir com outros nossas bênçãos.

CAVANDO FUNDO

1) Será que alguns crentes têm preconceitos contra o rico? Por quê?
2) Avalie esta declaração: "Riqueza **x** pobreza é uma questão totalmente relativa, o rico em determinado país seria considerado pobre no outro, o que importa é sua atitude quanto ao que tem".
3) Leia 1Timóteo 6:17-19. Quais atitudes Deus exige do rico? Por quê?

ABRINDO O BAÚ

Verifique hoje suas atitudes para com pessoas ricas e pobres. Será que você tem preconceitos? Procure melhorar seu tratamento ao grupo com o qual menos se identifica.

UMA ORAÇÃO

Senhor, tua bondade me deu tudo que tenho. Muito obrigado, Senhor. Por favor, dá-me a sabedoria de depender de ti. Ajuda-me a não julgar aqueles que estão ao meu redor pelas suas posses. Amém.

UM BRILHANTE

O rico e o pobre se encontram;
a um e a outro faz o Senhor. (Provérbios 22:2)

2. OS PERIGOS DA RIQUEZA

O rico que acha ser invencível,
confia naquilo que é perecível.

"Achei o pulso, mas está fraco! Dê mais oxigênio..." Fernando teve uma vaga impressão de pessoas ao seu redor, de muita atividade, muitas luzes. Queria chamar Sandra, sua esposa, mas suas cordas vocais estavam paralisadas. Foi então que entendeu. "Ó meu Deus, estou morrendo!", pensou.

Faltava apenas um mês para sua aposentadoria. Finalmente iria desfrutar de tudo aquilo pelo que havia trabalhado tanto para conquistar. Fernando aprendera cedo que a única maneira de realmente ter segurança na vida era pelo dinheiro. Por isso, desde os 14 anos de idade ele trabalhava, às vezes em dois ou até mesmo três empregos ao mesmo tempo. Perdeu uma boa parte da infância de seus filhos. Mas seu sacrifício deu resultado. Como dono de sua própria empresa, havia construído uma vida que teria sido confortável, se ele tivesse parado o suficiente para aproveitá-la. Tinha um sítio fora da cidade, alguns imóveis em um bairro nobre, e uma BMW na garagem. Sua conta bancária estava recheada, mas seu coração vazio...

"A pressão está baixando! Dez por sete, nove por seis, oito por seis, sete por..."

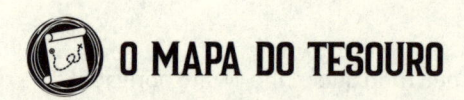 O MAPA DO TESOURO

A verdadeira sabedoria significa olhar para a vida com a perspectiva de Deus. Provérbios adverte contra a miopia espiritual que só enxerga a realidade terrestre. A estultícia consiste em procurar segurança nas coisas deste mundo, e não no Criador do universo.

> *Os bens do rico lhe são cidade forte*
> *e, segundo imagina, uma alta muralha.* (Provérbios 18:11)

> *Quem confia nas suas riquezas cairá,*
> *mas os justos reverdecerão como a folhagem.* (Provérbios 11:28)

O rico pensa ser invencível por causa do seu poder aquisitivo. Mas eventualmente descobre que bens materiais são como castelos na areia que as ondas do tempo apagam para sempre.

 ## CAVANDO FUNDO

1) Leia Deuteronômio 6:10-12. Sua família tem desfrutado bênçãos materiais? Isto tem provocado dependência demasiada dos bens? Como reverter esse quadro?

2) Certa vez alguém comentou: "Nunca vi um caixão seguido por um caminhão de mudanças!". Leia Salmo 49 e verifique a observação do salmista sobre essa realidade.

3) Leia 1Timóteo 6:6-10. Como evitar o perigo da dependência em coisas materiais? Quais os perigos da riqueza?

 ## ABRINDO O BAÚ

Qual a sua posse mais importante? Já a entregou ao Senhor? Que tal dedicar hoje tudo que você é e tudo que você tem para o uso do Senhor dentro do seu plano?

 ## UMA ORAÇÃO

Deus eterno, guarda-me do engano do apego aos bens materiais. Não permita que eu me apoie na areia instável das riquezas, mas sim em ti, a Rocha Eterna. Amém.

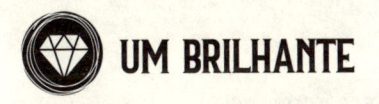 ## UM BRILHANTE

O rico e o pobre se encontram;
a um e a outro faz o Senhor. (Provérbios 22:2)

3. ATITUDES SOBRE A POBREZA

O rico trata os pobres como opressor;
mas Deus, do aflito, é o defensor.

Uma criança da Somália se agarra ao seio da mãe, esperando uma gotinha de leite de uma fonte que já secou há tempo... Outra família cava na pilha de lixo recém-chegada da cidade, desesperadamente procurando um pedaço de pão ou talvez um pedaço de papelão para servir como parede na casa que estão construindo... Um homem velho, mutilado numa Guerra Civil, procura um canto desocupado nas ruínas de um prédio bombardeado, tentando passar pelo menos uma noite fora do frio que já matou três de seus colegas...

Como você reage a situações como estas, que acontecem diariamente ao redor do mundo?

Hoje teremos mais um teste "verdadeiro/falso" para provocar reflexão e discussão.

1) O pobre quase sempre é pobre por sua própria culpa. ( )
2) Muitas vezes a causa principal da pobreza é consequência de não seguir os princípios bíblicos. ( )
3) Miséria é fruto de pecado. ( )

 ## O MAPA DO TESOURO

É possível ser pobre dentro da vontade de Deus? Há qualquer vantagem na pobreza? Há muito debate sobre a causa da miséria no Brasil e no mundo. Alguns afirmam que a pobreza nunca é a vontade de Deus para ninguém, mas que vem de Satanás e é consequência do pecado. Outra posição teológica quase exalta a pobreza como sinal de espiritualidade. Veja o que Salomão diz:

O rico e o pobre se encontram; a um e a outro faz o Senhor...
Não roubes ao pobre, porque é pobre,
*   nem oprimas em juízo ao aflito,*
porque o Senhor defenderá a causa deles
*   e tirará a vida aos que os despojam. (Provérbios 22:2,22,23)*

Deus protege o pobre. Pense duas vezes antes de tirar proveito ou explorar sua miséria. Se ele não tem onde recorrer no tribunal humano, terá em Deus um Defensor no céu.

 ## CAVANDO FUNDO

1) Quais são algumas das injustiças praticadas em nossos dias contra os pobres – na comunidade, no serviço, na igreja, na escola, no sistema de saúde?
2) Leia Tiago 2:1-9. Você valoriza o pobre tanto quanto o rico? Ou tem preconceitos e age com discriminação, mesmo de forma sutil? Como?

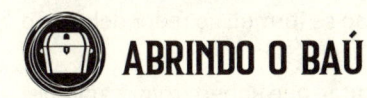 ## ABRINDO O BAÚ

Veja se consegue hoje fazer algo a favor de alguma pessoa mais necessitada próxima a você.

 ## UMA ORAÇÃO

Pai, perdoa-me por qualquer ato de injustiça ou preconceito que eu tenha cometido contra pessoas mais humildes, ao meu redor. Ajuda-me a encarar o pobre como sendo precioso aos teus olhos. Mostra-me como ser semelhante a ti, um Defensor dos direitos dos menos privilegiados. Amém.

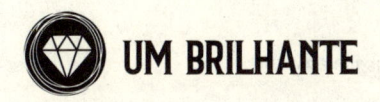 ## UM BRILHANTE

O rico e o pobre se encontram;
a um e a outro faz o Senhor. (Provérbios 22:2)

4. EQUILÍBRIO

O pobre e o rico caem na mesma tentação
de pensar que tudo vem pela autoprovisão.

"Ninguém vai ficar sabendo", Joãozinho pensou. "Foi sorte minha achar o relógio na quadra. Qual o problema nisso?"

Por três meses ele havia implorado aos seus pais que comprassem um relógio igual ao que seus colegas tinham, com cronômetro, que mostrava data, mês e até mesmo a temperatura. Mas seu pai estava desempregado e nunca sobrava nada depois das compras do mês.

Na manhã seguinte, assim que chegou à escola, Joãozinho mostrou o relógio aos seus colegas. Um pequeno grupo se formou ao redor dele. João gostou muito dos comentários.

— Que legal, cara! Que cronômetro! — Foi então que Robertão viu o aglomerado e se aproximou. Quando viu o relógio, agarrou a camisa de Joãozinho.

— Onde você pegou isto, baixinho? Perdi um relógio igualzinho ontem jogando basquete. Vou quebrar seu nariz, crentinho fajuto!

 ## O MAPA DO TESOURO

A maioria das pessoas não sabe lidar com o dinheiro – ou a falta dele! Por isso Provérbios exalta o ideal do equilíbrio financeiro:

> *... afasta de mim a falsidade e a mentira;*
> *não me dês nem a pobreza nem a riqueza;*
> *dá-me o pão que me for necessário;*
> *para não suceder que, estando eu farto, te negue e diga:*
> *Quem é o Senhor?*
> *Ou que, empobrecido, não venha a furtar*
> *e profane o nome de Deus. (Provérbios 30:8,9)*

Há muitos perigos associados à pobreza. Talvez a tentação principal seja a de satisfazer seus desejos e até mesmo suas necessidades na sua própria força, e não no tempo e na dependência do Senhor. O perigo da pobreza, então, é o mesmo da riqueza: a autossuficiência! São poucos os pobres ou ricos que conseguem depender exclusivamente do Senhor.

 ## CAVANDO FUNDO

1) Por que é tão difícil tanto para o pobre quanto para o rico dependerem de Deus? Veja Deuteronômio 6:10-12 e Filipenses 4:19.
2) De que maneira o famoso jeitinho brasileiro pode ferir princípios bíblicos na tentativa de conseguir coisas para nós mesmos fora do plano perfeito de Deus?
3) Leia Mateus 6:11,25-34. Qual o conselho de Jesus quanto às necessidades diárias do cristão?

 ## ABRINDO O BAÚ

Pense em algo que você realmente gostaria de comprar. Que tal entregar esse desejo ao Senhor, pedindo que Ele o realize no tempo e no plano dele?

 ## UMA ORAÇÃO

Pai, perdoa-me pelo pecado da autossuficiência. Ensina-me a olhar somente para o Senhor para suprir as minhas necessidades. Senhor, guarda-me de qualquer tentativa em satisfazer aos meus desejos, que estiverem fora de teu plano perfeito. Amém.

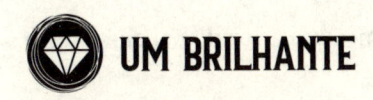 ## UM BRILHANTE

O rico e o pobre se encontram;
a um e a outro faz o Senhor. (Provérbios 22:2)

O QUE É MEU É TEU

I. DESPERDÍCIO

Cuida dos bens que Deus lhe tem dado,
fazendo assim, serás premiado.

Maurício não podia ter escolhido uma hora pior para falar com seus pais. Queria que eles o ajudassem na compra de um aparelho de som para seu quarto. Não esperava o interrogatório que se seguiu.

— Filho — começou o pai —, qual o problema com o som que você já tem?

— Ó pai, o senhor sabe que ele está quebrado — ele respondeu.

— Quebrou quando você o deixou na varanda e pegou chuva — disse o pai. Sua mãe entrou na conversa:

— E o contrabaixo elétrico que você tanto queria? O que aconteceu?

— Esqueci no pátio da igreja e alguém o pegou — ele se defendeu. — A senhora sabe disso! — Maurício não gostava do rumo que a conversa estava tomando.

— Só mais uma pergunta — disse o pai. — Onde está a sua cama? Alguns meses atrás eu a vi no seu quarto, mas agora só vejo um montão de tralha no meio de uma bagunça.

— Tudo bem, pai, vou limpar o meu quarto amanhã. Mas quando posso comprar o meu som?

— Quando você se mostrar responsável cuidando do que já tem — foi a resposta dos dois.

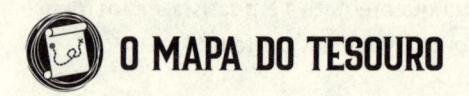 O MAPA DO TESOURO

Mordomia implica cuidar do que já se tem. Ouça a voz do pai dando esse conselho ao seu filho:

> *Procura conhecer o estado das tuas ovelhas e cuida dos teus rebanhos,*
> *porque as riquezas não duram para sempre,*
> *nem a coroa, de geração em geração.* (Provérbios 27:23,24)

Neste texto, a figura de ovelhas representa as posses de alguém. O ensino parece ser óbvio. Cuida do que tem, antes de querer mais! Alguém que é irresponsável no pouco será irresponsável no muito! Não seja um desperdiçador!

CAVANDO FUNDO

1) Faça uma avaliação dos seus bens. Estão em ordem? Estão em bom estado de conservação?
2) Leia Mateus 25:14-30. Quais os princípios de mordomia que são destacados na Parábola dos Talentos?

ABRINDO O BAÚ

Procure hoje fazer algo para cuidar melhor do que Deus tem lhe dado (limpar o quarto, consertar algo), dando graças a Deus pela provisão fiel em sua vida.

UMA ORAÇÃO

Pai, obrigado pelos bens que o Senhor tem me confiado.
Ajuda-me a cuidar das coisas que tenho, e a usá-las para tua glória. Amém.

UM BRILHANTE

Honra ao Senhor com os teus bens e com as primícias de toda a tua renda;
e se encherão fartamente os teus celeiros, e transbordarão de vinho os teus lagares.

(Provérbios 3:9,10)

2. ALEGRIA EM DAR

Dar ao Senhor o melhor do que tem
ao servo de Deus é o que convém.

Adilson chegou em casa todo sorridente. Em suas mãos segurava o salário de seu primeiro emprego. Ele ainda não acreditava que fora admitido como balconista na papelaria. Com orgulho mostrou o holerite para toda a sua família.

— O quê você vai fazer com o dinheiro? — perguntou Lílian, sua irmã.

— Estou pensando em juntar este, com o dinheiro que ganhei da vó, e comprar uma mountain bike! — Adilson exclamou entusiasmado.

— Mas será que você já tem o bastante? Depois de separar seu dízimo, quanto vai sobrar? — ela questionou.

— Escuta, irmãzinha, será que você não entende? Se eu for comprar aquela bicicleta, vou precisar de quase todo o meu dinheiro. Se sobrar alguma coisa, então posso dar uma oferta.

— Mas você não deve dar a primeira parte para o Senhor? — ela insistiu.

— Olha, quando a gente é criança, tudo bem. Mas agora estou trabalhando e tenho as minhas necessidades.

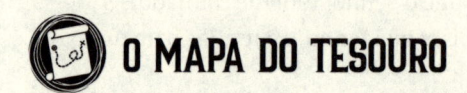 ## O MAPA DO TESOURO

A sabedoria de Deus muitas vezes parece loucura ao homem do mundo. E quando o assunto é dinheiro, fica mais evidente que nunca. Veja o conselho de Provérbios quanto ao ofertar:

> *Honra ao Senhor com os teus bens e com as primícias de toda a tua renda;*
> *e se encherão fartamente os teus celeiros, e transbordarão de vinho os teus lagares.*
>
> (Provérbios 3:9,10)

O cristão que quer viver uma vida conforme os desígnios de Deus não pode fugir do princípio da oferta. Assim honramos ao Senhor, reconhecendo que é Ele quem dá "o sustento nosso de cada dia".

 ## CAVANDO FUNDO

1) Avalie as atitudes que Adilson tomou quanto ao seu dinheiro. Em que ele errou? E quanto a você? Você tem honrado ao Senhor com dízimos e ofertas?
2) Você sabe orçar seu dinheiro? Alguns utilizam um sistema de envelopes em que o dinheiro é separado para ofertas, poupança e gastos. Existem aplicativos que também ajudam a organizar as finanças.
3) O Novo Testamento não repete a lei do dízimo, mas enfatiza a generosidade do cristão, salvo pela graça de Deus. Promete bênção para quem dá, embora esta bênção talvez seja espiritual e futura e não necessariamente aqui e agora. Leia 2Coríntios 9:6-15 e verifique essa ênfase.

 ## ABRINDO O BAÚ

Que tal colocar no papel seus gastos mensais e fazer um orçamento que honra ao Senhor com a primeira parte da sua renda?

 ## UMA ORAÇÃO

Deus, reconheço que és o dono de tudo, e que tudo que tenho devo a ti. Ajuda-me a usar os meus recursos de forma agradável a ti. Ajuda-me a ter a disciplina de separar as primícias de minha renda como ato de adoração a ti. Amém.

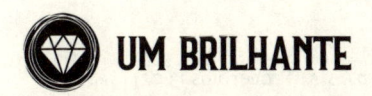 ## UM BRILHANTE

Honra ao Senhor com os teus bens e com as primícias de toda a tua renda;
e se encherão fartamente os teus celeiros, e transbordarão de vinho os teus lagares.

(Provérbios 3:9,10)

3. APRENDENDO A POUPAR

Poupar um pouquinho, mesmo sendo duro,
oferece à família um futuro mais seguro.

Que tal uma prova para testar a sua capacidade de administrar o dinheiro? Qual plano você escolheria se alguém lhe oferecesse estas duas opções:

1) R$ 5 mil por dia, durante 55 anos ?
2) R$ 1,00 por dia, dobrado cada dia, durante um mês ?

Pense bem! Se você escolheu a primeira opção, em 55 anos ganhará um bom dinheiro. R$ 100.375.000,00, fora os juros. Mas se optou pela segunda, recebendo R$ 1,00 no primeiro dia, R$ 2,00 no segundo, R$ 4,00 no terceiro... No último dia do mês receberá R$ 1.073.741.824,00! A soma do seu ganho em 31 dias, a juros, seria R$ 2.147.483.647,00!

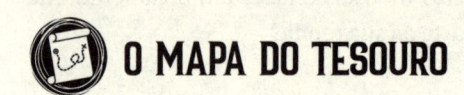 ## O MAPA DO TESOURO

Esse pequeno enigma matemático ilustra não somente a dificuldade de tomar decisões financeiras, mas também o princípio de multiplicação do seu dinheiro. O homem sábio entende o poder de pequenas economias hoje visando as grandes necessidades de amanhã. Veja o que Provérbios diz:

> *... as formigas, povo sem força;*
> *todavia, no verão preparam a sua comida.* (Provérbios 30:25)

> *O homem de bem deixa herança aos filhos,*
> *mas a riqueza do pecador é depositada para o justo.* (Provérbios 13:22)

Nestes textos encontramos alguns princípios práticos sobre a diligência, a economia e a poupança.

- ◆ O bom mordomo planeja diligentemente para o futuro agora, mesmo sendo difícil, porque prevê as necessidades do amanhã.

- Deus cuida dos bens do homem de caráter provado, permitindo que eles passem para as próximas gerações (implícito é o fato de que já adquiriu uma herança para deixar aos filhos!).

 ## CAVANDO FUNDO

1) Leia a história de José e o sonho de Faraó sobre as vacas gordas e magras em Gênesis 41. Como José praticou o conselho de Provérbios sobre a poupança? Quais foram os resultados?
2) Leia 1Timóteo 5:8. De que maneira o princípio de poupança em Provérbios facilitaria a obediência a esse versículo?

 ## ABRINDO O BAÚ

Você tem um gasto desnecessário, mais ou menos frequente, que poderia cortar para poder poupar? Que tal iniciar um pequeno fundo de garantia pessoal visando uma necessidade futura?

 ## UMA ORAÇÃO

Senhor, dá-me a disciplina necessária de poupar um pouco do que tenho agora, a fim de estar preparado para enfrentar as necessidades do amanhã. Amém.

 ## UM BRILHANTE

Honra ao Senhor com os teus bens e com as primícias de toda a tua renda;
e se encherão fartamente os teus celeiros, e transbordarão de vinho os teus lagares.

(Provérbios 3:9,10)

4. ACEPÇÃO DE PESSOAS

A família Dantas já estava saindo do apartamento quando Sílvia lembrou que esquecera de comprar um presente para os noivos.

– E daí? – comentou seu marido Daniel. – Preencha um cheque e o coloque em um envelope.

– Quanto você quer dar? – Sílvia perguntou.

– Ah, qualquer coisa seria bom.

– Pai – interrompeu Vinícius, o filho de dez anos. – Por que só "qualquer coisa"? Vocês não deram um presentão quando Antônio e Célia se casaram?

– Foi diferente, filho. Antônio e Célia são dos nossos. Esse outro casal é bem humilde – explicou o pai.

– Mas pai, se são mais humildes o senhor não deveria dar mais para eles?

 ## O MAPA DO TESOURO

Deus não somente espera que o crente seja generoso, mas também que seja criterioso ao contribuir. Veja a advertência para não dar à pessoa que já tem fartura:

> *O que oprime ao pobre para enriquecer a si*
> *ou o que dá ao rico certamente empobrecerá.* (Provérbios 22:16)

Por que alguém daria ao rico? Por que Deus castiga quem faz assim? Esse versículo destaca o problema de acepção de pessoas, em que alguém concede tratamento preferencial a outro porque ele pode beneficiá-lo de alguma forma. Isto significa ser interesseiro no dar – atitude repreensível perante Deus.

 **CAVANDO FUNDO**

1) Quais são algumas maneiras pelas quais você ou pessoas ao seu redor fazem acepção de pessoas, dando ao rico ou oprimindo ao pobre?
2) Leia Tiago 2:1-9. Por que o crente não deve fazer acepção de pessoas?

 **ABRINDO O BAÚ**

Pense em suas atitudes para com pessoas menos privilegiadas. Há algum projeto que você poderia assumir em prol de alguém que nunca teria condições de retribuí-lo?

 **UMA ORAÇÃO**

Senhor, ajuda-me a tratar todas as pessoas igualmente, e livra-me do mau hábito de julgar e ajudar outras pessoas baseado naquilo que elas poderão fazer em meu benefício. Amém.

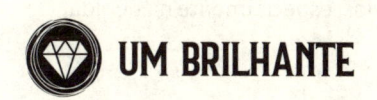 **UM BRILHANTE**

Honra ao Senhor com os teus bens e com as primícias de toda a tua renda;
e se encherão fartamente os teus celeiros, e transbordarão de vinho os teus lagares.

(Provérbios 3:9,10)

CRISE FINANCEIRA

I. VÍCIOS

Quem ama os prazeres da riqueza sairá,
quem vive pelo vício na pobreza cairá.

Ana Maria não sabia mais o que fazer. Seu marido Antônio não parava de beber. Tudo começou quando ele não foi promovido à gerência que tanto almejava na fábrica. O sr. Antônio começou a passar no barzinho da esquina antes de chegar em casa. Mas alguns meses depois havia perdido seu emprego por chegar atrasado – e bêbado – ao serviço.

Agora bebia de manhã, à tarde e à noite. Os filhos não reconheciam mais o pai e ficavam fora de casa, evitando suas explosões imprevisíveis. Ana Maria já esvaziara a poupança, e estava trabalhando como balconista em duas lojas. Mas não aguentava mais.

— Amanhã vamos embora — cochichou às crianças na hora de dormir.

O MAPA DO TESOURO

Provérbios dá conselhos práticos para quem quer chegar à pobreza. Um dos caminhos mais rápidos encontra-se nos vícios, especialmente na bebida.

> *Quem ama os prazeres empobrecerá,*
> *quem ama o vinho e o azeite jamais enriquecerá.* (Provérbios 21:17)
>
> *Porque o beberrão e o comilão caem em pobreza;*
> *e a sonolência vestirá de trapos o homem.* (Provérbios 23:21)

É difícil calcular o prejuízo causado pela bebida. As estimativas de gastos em termos de perda de produtividade, doença e acidentes chegam aos bilhões de reais. Porém é impossível calcular o prejuízo emocional que o álcool causa. Em todos os sentidos esse vício leva à miséria.

Mas observe que também há outros vícios que furam o bolso familiar. Enfatizamos o álcool por causa do grande estrago que tem feito em milhões de lares. Mas qualquer prazer em excesso pode ter o mesmo fim.

 ## CAVANDO FUNDO

1) O que leva uma pessoa antes moderada e estável a cair no excesso e abuso de prazeres? Por que quase sempre termina em miséria?
2) Quantos bêbados ricos sua família conhece? Quantos bêbados se encontram nas favelas e nas ruas?
3) Leia Efésios 5:18-21. Quais as características do embriagado? Como ele é comparado àquele que está cheio do Espírito Santo?

 ## ABRINDO O BAÚ

Fique atento na próxima vez que passear pela cidade. Observe bem os bêbados – seu estatus, caráter e comportamento.

 ## UMA ORAÇÃO

Pai celeste, te louvo porque o Senhor é a minha suficiência.
Livra-me de todo vício que impeça que tu sejas o primeiro
em minha vida. Guarda-me das sutilezas de prazeres que
furtam a minha estabilidade material, emocional e financeira.
Controla-me pelo teu Santo Espírito. Amém.

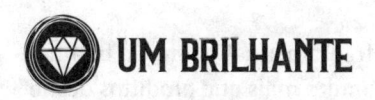 ## UM BRILHANTE

Os planos do diligente tendem à abundância,
mas a pressa excessiva, à pobreza. (Provérbios 21:5)

2. COBIÇA

O homem apressado adquire bens com crédito,
mas sacrifica seu futuro no altar do seu débito.

— Como foi que entramos nesta? — perguntou o jovem casal sentado no gabinete do pastor Giovaldo. Contavam uma história triste, mas infelizmente muito comum. Estavam a ponto de se separarem, depois de menos de dois anos de casamento e o problema principal era o financeiro.

Jairo e Marlene realmente se amavam, mas foram presos na teia-de-aranha de sua própria cobiça. Seus impulsos incontroláveis para "pegar agora, pagar depois" estavam sugando a vida do seu casamento, tudo porque queriam adquirir em seu primeiro ano de casamento o que seus pais haviam trabalhado uma vida inteira para ganhar.

O remédio prescrito pelo pastor foi severo, mas foi a única maneira de salvar o casamento: destruir os cartões de crédito, fazer um orçamento vaca magra, trabalhar horas extras, vender o que haviam comprado (mesmo que com bastante prejuízo), aplicar cada centavo que sobrava para reduzir a dívida, pedir perdão aos credores, e acima de tudo, mudar seus hábitos de consumo.

— Talvez — concluiu o pastor — em dois ou três anos vocês poderão voltar a um estilo de vida um pouco menos rigoroso. É a única esperança.

O MAPA DO TESOURO

Um dos maiores perigos que os jovens enfrentam atualmente é o bombardeio contínuo de propagandas vendendo muito mais que produtos desnecessários, mas um estilo de vida perigoso. "Você merece!"; "Se não comprar agora, nunca mais!"; "Não economize com você mesmo!"; "Doze pagamentos sem juros!"; "Satisfação garantida ou a devolução do seu dinheiro!". No fundo, o que todos esses apelos têm em comum é uma filosofia materialista tipo "Pegue agora, pague depois".

Veja o que Provérbios diz sobre a cobiça que leva o homem a correr atrás de coisas.

Os planos do diligente tendem à abundância,
mas a pressa excessiva, à pobreza. (Provérbios 21:5)

Aquele que tem olhos invejosos corre atrás das riquezas,
mas não sabe que há de vir sobre ele a penúria. (Provérbios 28:22)

 ## CAVANDO FUNDO

1) Quais os fatores na nossa cultura que levam a maioria das pessoas a adquirirem coisas sem ter condições de pagar por elas? Qual o perigo disso? De que maneira "os planos diligentes" são diferentes da "pressa excessiva"?
2) Leia Tiago 4:1-4. Quais os resultados da cobiça e da inveja? Qual o remédio bíblico?

 ## ABRINDO O BAÚ

Verifique se você fica olhando os bens materiais das pessoas quando vai à casa deles, e se você se empenha em demasia para ter algo igual em sua casa.

 ## UMA ORAÇÃO

Senhor, livra-me da cobiça. Ajuda-me a confiar em ti e na tua provisão. Guarda-me de compromissos financeiros que furtarão a minha liberdade de servi-lo livre e espontaneamente. Ajuda-me a contentar com aquilo que temos. Amém.

 ## UM BRILHANTE

Os planos do diligente tendem à abundância,
mas a pressa excessiva, à pobreza. (Provérbios 21:5)

3. FIANÇA

O fiador assina e protege a fama,
mas pode perder sua própria cama.

Foi sem dúvida alguma o momento mais amargo na vida de Dona Cíntia. A família Araújo estava tentando vender alguns de seus bens, mas mesmo assim ainda não havia levantado os recursos para pagar a dívida. Chegou a hora de vender seu móvel predileto – um armário antigo que era da sua bisavó. Com lágrimas nos olhos ela recebeu o dinheiro, mas não conseguia olhar enquanto o armário era desmontado e levado embora. O pior de tudo era que a família não estava vendendo seus bens para pagar uma dívida sua, mas a de um membro da igreja. Esse irmão desempregado havia implorado que eles o ajudassem a montar seu próprio negócio. "Não precisam pagar nada, só assinar uma nota como fiadores no empreendimento." Foi assim o acordo. Ele estava tão convicto de que o negócio daria certo, e eles, não querendo desapontá-lo, entraram em acordo. Agora, dois anos depois, o "irmão" havia sumido. Os credores insistiam em receber os pagamentos atrasados. Além disso, descobriram que ninguém havia pagado os impostos da loja. "Eu o odeio!", pensou Dona Cíntia enquanto enxugava as lágrimas.

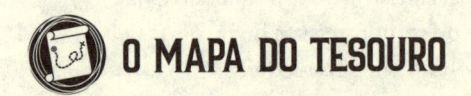 ## O MAPA DO TESOURO

Não menos de seis vezes, o livro de Provérbios aconselha a NÃO assumir qualquer responsabilidade pelas dívidas dos outros. Chama-se "fiança", e é tão comum em nossos dias quanto nos dias de Salomão. É uma maneira que o vendedor tem de garantir que receberá o seu dinheiro, pois duas pessoas se comprometem com a dívida. Se uma falhar, a outra tem de pagar. Mas veja esta advertência:

> Não estejas entre os que se comprometem
> e ficam por fiadores de dívidas,
> pois, se não tens com que pagar,
> por quê arriscas perder a cama de debaixo de ti? (Provérbios 22:26,27)

Observe que Provérbios não proíbe a fiança, mas desencoraja-a fortemente. Pode-se imaginar uma situação legítima de fiança, em que os fiadores entram no negócio dispostos a pagarem tudo se o outro entrar em falência. Muitos pais fazem exatamente isso para ajudar seus filhos recém-casados na aquisição de uma moradia ou outro bem. Nesse caso, a fiança acaba sendo uma forma de contribuição, e como tal é encorajada no livro. Mas cuidado! Se o peso da dívida pode produzir qualquer obstáculo no relacionamento entre os dois negociantes, não deve ser feito.

 ## CAVANDO FUNDO

1) Leia esses outros textos em Provérbios que falam de fiança: 6:1-5; 11:15; 17:18; 20:16; 27:13.
2) Leia 1Timóteo 5:8 e Gálatas 6:10. Como esses versículos influenciam na questão de fiança entre membros da mesma família ou da mesma igreja?

 ## ABRINDO O BAÚ

Que tal conversar com sua família a respeito de fiança. Pais deveriam estar dispostos a arriscar o que têm para financiar seus filhos? O quê cada um espera do outro?

 ## UMA ORAÇÃO

Senhor, preciso muito da tua sabedoria para tomar decisões financeiras. Dá-me discernimento, transparência e motivações puras. Não permita que eu tome decisões baseadas no temor aos homens. Amém.

 ## UM BRILHANTE

Os planos do diligente tendem à abundância,
mas a pressa excessiva, à pobreza. (Provérbios 21:5)

4. SONHOS VAZIOS

*O mero falar de planos nobres
leva pessoas a serem pobres.*

Bernardo tinha um plano – mais um – para ganhar um milhão de reais em três anos. Só precisava convencer a prefeitura de que, sua ideia de instalar um sistema de encanamento na cidade para conduzir café com leite para todas as moradias valia o investimento. Mas não importava quantas vezes ele tentasse, ninguém dava a mínima atenção à sua ideia "garantida". "Este é o problema com todos eles", Bernardo pensou. "Não têm visão!"

 ## O MAPA DO TESOURO

Há muito tempo que planos para ficar rico rapidamente estão circulando entre os homens. Atraem sonhadores ociosos cujos planos nunca chegam a nada.

> *O que lavra a sua terra será farto de pão,*
> *   mas o que corre atrás de cousas vãs é falto de senso.* (Provérbios 12:11)

> *Em todo trabalho há proveito;*
> *   meras palavras, porém, levam à penúria.* (Provérbios 14:23)

> *Os bens que facilmente se ganham, esses diminuem,*
> *   mas o que ajunta à força do trabalho terá aumento.* (Provérbios 13:11)

Há uma grande diferença entre os sonhadores ociosos e trabalhadores criativos. Os planos do sonhador nunca se transformam em ação, enquanto o trabalhador criativo motiva tanto a si mesmo quanto a outros a realizarem seus sonhos.

 ## CAVANDO FUNDO

1) Você conhece alguém que está sempre sonhando com grandes planos, mas nunca faz nada para realizá-los? Como as outras pessoas reagem ao sonhador?

2) Quais são alguns dos planos garantidos para ficar rico rapidamente que você já ouviu? Funcionaram?

3) Leia 1Tessalonicenses 3:6-13. Que conselhos Paulo deu sobre sonhadores que não são trabalhadores?

 ## ABRINDO O BAÚ

Quais são os seus sonhos? Você já traçou planos concretos para realizá-los? Que tal anotar o que você quer fazer e também os passos de curto, médio e longo prazo para atingir seus ideais?

 ## UMA ORAÇÃO

Pai guarda-me de desperdiçar minha vida correndo atrás de bolhas de sabão. Ajuda-me a ter a diligência de terminar o que começo, e de trabalhar na tua força para tornar meus sonhos em realidade. Amém.

 ## UM BRILHANTE

Os planos do diligente tendem à abundância,
   mas a pressa excessiva, à pobreza. (Provérbios 21:5)

NADANDO CONTRA A MARÉ

I. HONESTIDADE

Ângela estava nervosa. Havia estudado a semana toda para o exame final de matemática. O professor era bem imprevisível e essa era a causa de sua ansiedade. Mas quando abriu a prova, seu coração bateu forte – tudo que havia estudado estava ali!

Quinze minutos depois, quando já estava passando para a segunda página, ouviu alguém sussurrando.

– Ângela...

Era Sandra, sua amiga, na carteira ao seu lado.

– Número três – Sandra falou em voz baixa. – Afasta seu braço um pouquinho.

Depois de uma pausa agonizante, Ângela afastou o braço e cobriu a resposta três.

– Ângela! – Sandra apelou.

– Não posso! – Ângela cochichou.

– Por que não?

– Porque é errado.

– Mas todo mundo faz!

– SILÊNCIO! – gritou o professor.

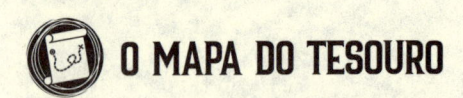 O MAPA DO TESOURO

O dicionário define "integridade" como "a qualidade de agir com princípios morais sadios; retidão, honestidade e sinceridade". Talvez diríamos "ter uma reputação limpa" ou "um bom nome". Integridade significa fazer o certo por amor ao bem, e não simplesmente pelo fato de alguém estar olhando. Provérbios nos ensina que o bom nome vale muito mais do que algo que o dinheiro possa comprar.

Mais vale o bom nome do que as muitas riquezas;
e o ser estimado é melhor do que a prata e o ouro. (Provérbios 22:1)

Alguém já disse que integridade é fazer aquilo que é correto, mesmo quando ninguém está olhando. Não conseguimos comprar uma boa reputação. Ela tem de ser adquirida durante uma vida inteira. Mas uma boa reputação pode ser vendida, e barato, em um único momento de descuido.

 ## CAVANDO FUNDO

1) "Caráter é o que você é quando ninguém está olhando." O que significa esse ditado? Você pode pensar em situações que realmente provam (testam) o caráter de alguém?
2) Leia João 15:5. É possível alguém realmente ter uma boa reputação sem Cristo? O que a graça de Deus tem a ver com o bom nome?

 ## ABRINDO O BAÚ

Qual tem sido sua reputação? Procure hoje ser uma pessoa íntegra nas suas tarefas escolares ou no seu serviço.

 ## UMA ORAÇÃO

Senhor, se há algo bom em mim, é porque vem de ti. Desejo que o Senhor reproduza tua vida, a vida verdadeiramente cristã, através de mim. Obrigado pelo teu bom nome, e pela força de viver como tu queres. Amém.

 ## UM BRILHANTE

Mais vale o bom nome do que as muitas riquezas;
e o ser estimado é melhor do que a prata e o ouro. (Provérbios 22:1)

2. FIDELIDADE

Não sabemos quando, mas podemos acreditar.
O homem fiel a Deus, Ele vai abençoar.

Roberto temia que sua firma, "SGM Indústrias", que havia passado de pai para filho por quase 100 anos, fechasse em suas mãos. Isto devido ao fato de que como cristão ele procurava pagar todos os impostos e obedecer a todas as leis de mercado. Mas com a baixa no mercado, duvidava muito se ainda restaria alguma firma para passar a seu filho. Nunca imaginara que sua integridade custaria tão caro!

Por isso ele orava – de manhã, à tarde, e à noite. E justamente quando tudo indicava que teria de fechar as portas, Deus respondeu. Por causa da recessão, o governo decidiu subsidiar os fabricantes baseado no valor dos impostos pagos no ano anterior! Enquanto seus concorrentes maiores, porém menos íntegros, recebiam migalhas, SGM Indústrias recebeu o suficiente não somente para superar a crise, mas até mesmo para aumentar sua produção! No fim, a fidelidade de Roberto salvou a firma.

O MAPA DO TESOURO

Fidelidade e integridade são cada vez mais raras. A integridade bíblica parece ser especialmente ultrapassada. Simplesmente não compensa, pelo menos de acordo com os padrões do mundo. Mas Provérbios oferece outra perspectiva:

> O homem fiel será cumulado de bênçãos,
> mas o que se apressa a enriquecer não passará sem castigo. (Provérbios 28:20)

Pela fé vivemos vidas honestas, confiando que Deus há de honrar nossa fidelidade, mesmo não sabendo exatamente quando. Aqueles que sacrificam a honestidade no altar da ganância eventualmente recebem seu galardão também.

 **CAVANDO FUNDO**

1) Pense em manchetes recentes. Você consegue lembrar de homens de negócios, políticos, ou líderes religiosos que sofreram as consequências da desonestidade?

2) A desonestidade geralmente se manifesta nas coisas mínimas. Da mesma forma, a fidelidade no pouco, muitas vezes, conduz à fidelidade no muito. Leia a Parábola dos Talentos em Mateus 25:14-30 como exemplo desse princípio.

3) Separado da vitória de Cristo sobre o pecado na cruz, as tentativas do homem em ser fiel geralmente se reduzem a listas de regras legalistas. Que diferença Jesus faz? Quais são algumas áreas em que a fidelidade e a integridade podem ser vistas?

 **ABRINDO O BAÚ**

Será que você tem deslizado em alguma área pequena da sua vida? Que tal restaurar seu compromisso de fidelidade ainda hoje?

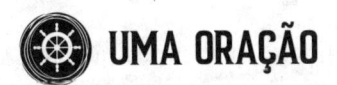 **UMA ORAÇÃO**

> Senhor, não permitas que eu seja influenciado pelos privilégios da desonestidade ao meu redor. Pela tua graça, faze de mim uma pessoa íntegra. Amém.

 **UM BRILHANTE**

Mais vale o bom nome do que as muitas riquezas;
e o ser estimado é melhor do que a prata e o ouro. (Provérbios 22:1)

3. O VALOR DA INTEGRIDADE

Melhor ser pobre com caráter puro
do que rico e corrupto com coração duro.

Luiz e Maurício ainda não acreditavam no que aconteceu. Os dois amigos haviam saído juntos da escola como de costume. Mas nesse dia decidiram voltar para casa por outro caminho. Quando passavam pela esquina do parque, Luiz viu um saco de pano na sarjeta. Primeiro deu um chute nele, mas algo mais lhe chamou a atenção. Estava fechado, e costurado.

Maurício conseguiu cortar a costura com um canivete que carregava. Segurando o fôlego, os dois olharam para dentro. O saco estava cheio de dinheiro.

— Estamos ricos! – exclamaram a uma só voz.

Então Luiz deu uma parada.

— Maurício, esse dinheiro não é nosso.

— Claro que é, nós o achamos! – respondeu ao amigo.

— Sei, mas pertence a alguém. Temos de devolvê-lo.

— Está louco? E perder uma oportunidade como essa?

— Sei, mas não tá certo. Parece que foi tirado de um daqueles carros blindados. Você sabe o que temos de fazer.

— Ir à polícia? Tudo bem, mas não podemos ficar só com um pouquinho?

— Acho que não, mas, talvez haja uma recompensa. Vamos ver quem chega primeiro?

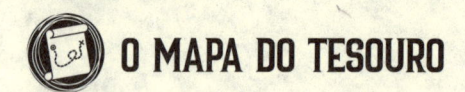 O MAPA DO TESOURO

Algumas pessoas fariam qualquer coisa para se tornarem ricas. Mas Deus diz que quem compra prosperidade às custas de sua integridade acaba em falência moral.

> *Melhor é o pobre que anda na sua integridade*
> *do que o perverso de lábios e tolo.* (Provérbios 19:1)

> *Melhor é o pobre que anda na sua integridade*
> *do que o perverso, nos seus caminhos, ainda que seja rico.* (Provérbios 28:6)

Muitas pessoas pagam um preço muito alto pela prosperidade. Algumas trabalham dia e noite e sacrificam a saúde e suas famílias para alcançar "a vida boa". Outras abandonam a Deus e à igreja na busca de prazeres. E outras sacrificam sua honestidade para se tornarem ricas. No fim, nada disso vale a pena. Muito melhor é ser um humilde honesto do que um próspero corrupto.

 ## CAVANDO FUNDO

1) Quanto vale a sua reputação? Você concorda que é melhor ser pobre do que rico e desonesto?
2) Leia a história de Ananias e Safira em Atos 5:1-11. Qual foi o pecado deles? Por que foram castigados tão severamente?

 ## ABRINDO O BAÚ

Fique atento hoje a exemplos de desonestidade na vida real. De que maneira as pessoas ao seu redor tentam subir a escada de meios desonestos na escola? No serviço? Nos esportes?

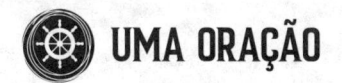 ## UMA ORAÇÃO

Pai, ensina-me valores bíblicos para viver conforme teus padrões. Guarda-me da desonestidade e ajuda-me a ficarmos contentes com o que já tenho. Amém.

 ## UM BRILHANTE

Mais vale o bom nome do que as muitas riquezas;
e o ser estimado é melhor do que a prata e o ouro. (Provérbios 22:1)

4. JUSTIÇA

A pessoa íntegra é sempre justa;
não importando quanto custa.

Você já ouviu declarações como estas em sua casa?
"Não foi justo!"
"Vocês o amam mais do que a mim!"
"Por quê ela sempre recebe o maior pedaço?"
"Eu nunca posso _____."
"Por quê eu estou sempre errado, e ela não?"

Afirmações como essas são quase sempre acusações de injustiça. Ser injusto significa dar vantagens inapropriadas para uma pessoa, prejudicando outra. Geralmente está baseado em favoritismo, egoísmo, ou preconceito. Quando questionamos a justiça de alguém, de fato estamos desafiando sua integridade.

 O MAPA DO TESOURO

Segundo Provérbios, um dos elementos-chave da integridade é a justiça. O líder íntegro sempre trata aos outros com equilíbrio.

> *O rei que julga os pobres com equidade*
> *firmará o seu trono para sempre.* (Provérbios 29:14)

Deus é quem preserva o líder (rei) que faz o que é certo, mesmo que ele não receba qualquer benefício. Um dos principais testes do caráter é até que ponto a possibilidade de lucro pessoal influencia seu juízo, suas decisões e seu comportamento. A pessoa íntegra crê que Deus recompensará aquele que é justo, mesmo que isto lhe custe algo.

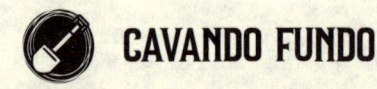 CAVANDO FUNDO

1) Leia a história de Abrão e Ló em Gênesis 13. Abrão foi justo? E Ló? Como Deus confirmou o princípio de Provérbios 29:14 em Gênesis 13:14-18? (Como Deus cuidou de Abrão?)

2) Leia Tiago 2:1-9. O que Deus diz sobre aqueles que praticam o favoritismo? Por que é tão ruim?

 ## ABRINDO O BAÚ

Você tem sido justo no tratamento de outras pessoas? Ou tem preconceitos que influenciam suas atitudes? Há pessoas que você sempre evita? Por quê? Pode reverter o quadro hoje, mesmo de forma simples?

 ## UMA ORAÇÃO

Senhor, ajuda-me a ser justo no tratamento para com os outros. Confio que o Senhor cuidará de mim, mesmo quando eu vier a sofrer por causa da justiça. Amém.

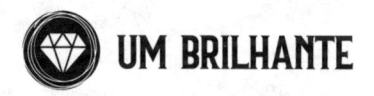 ## UM BRILHANTE

Mais vale o bom nome do que as muitas riquezas;
e o ser estimado é melhor do que a prata e o ouro. (Provérbios 22:1)

CAPÍTULO OITO

MAIS
SABE
DO
RIA

COMPAIXÃO

I. PERCEBENDO O POBRE

Quem teme a Deus tem mais acertos,
pois seus olhos veem outros passando apertos.

O Sr. Manfredo estava atrasado para uma reunião com um cliente importante na cidade próxima. Graças a Deus havia pouco trânsito apesar do feriado prolongado.

Ainda no meio do caminho, viu um homem com uma bandeirinha branca do lado de um carro velho, batido e quebrado. Manfredo consultou o relógio, olhou o homem grisalho e barbudo, e desviou o olhar. "Afinal de contas", ele pensou, "estou atrasado. Culpa dele por dirigir um carro desses nesta rodovia".

Poucos minutos depois ele ouviu um barulho estranho no motor de seu carro, a seguir um silêncio preocupante. Procurou achar o problema do motor durante 15 minutos, mas nada. Então viu o homem grisalho e barbudo caminhando em sua direção, ainda à procura de ajuda.

— Bem-vindo ao clube — foi tudo que ele falou quando passou pelo Sr. Manfredo.

 ## O MAPA DO TESOURO

A Bíblia jamais condena a generosidade, mas fala severamente contra aqueles que endurecem seus corações diante daqueles que são menos abençoados que eles.

> *O que tapa o ouvido ao clamor do pobre*
> *também clamará e não será ouvido.* (Provérbios 21:13)

> *O que dá ao pobre não terá falta,*
> *mas o que dele esconde os seus olhos*
> *será cumulado de maldições.* (Provérbios 28:27)

> *Informa-se o justo da causa dos pobres,*
> *mas o perverso de nada disso quer saber.* (Provérbios 29:7)

CAVANDO FUNDO

1) Pense sobre as atitudes dos homens na história citada anteriormente. O que estava errado?
2) Algumas pessoas não somente ignoram as dificuldades de pessoas ao seu redor, elas as oprimem e aumentam sua miséria. Leia esses versículos de Provérbios para saber o que Deus diz sobre aqueles que oprimem os pobres. Provérbios 14:31; 22:16,22,23.
3) Leia Mateus 5:42 e compare a Provérbios 3:27,28. O cristão tem de dar para todos, ou a qualquer um que pede?

ABRINDO O BAÚ

Você já designou uma parte do seu tempo e/ou dinheiro para ajudar pessoas menos privilegiadas? Fique atento a situações e oportunidades, especialmente por intermédio da sua igreja ou na sua própria família e veja o que Deus quer que você faça.

UMA ORAÇÃO

Pai, às vezes viro as costas para aqueles que precisam da minha ajuda. Perdoa-me por ter endurecido meu coração ignorando essas necessidades. Ajuda-me a saber a quem e quando socorrer. Amém.

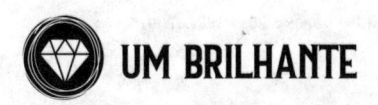

UM BRILHANTE

Informa-se o justo da causa dos pobres,
mas o perverso de nada disso quer saber. (Provérbios 29:7)

2. BULLYING

Quem defende os necessitados
revela amor aos desamparados.

Chegou a hora de tomar uma decisão. Cada dia no recreio alguns rapazes atormentavam Jorginho, um menino com algumas deficiências e que era muito desajeitado para a sua idade. Cada dia tentavam algo diferente para confundi-lo, envergonhá-lo ou zombar dele. Hoje a brincadeira foi pegar seu boné e jogá-lo de um para o outro até Jorginho chorar frustrado.

Foi então que Sergião se envolveu. Ele era um dos atletas mais respeitados na escola, e também um dos mais fortes. Ele ficara longe das brincadeiras, jogando bola ou conversando à parte. Mas agora ele saiu do jogo de futebol, entrou na roda dos outros rapazes e pegou o boné no ar, devolvendo-o ao Jorginho. Fitou os olhos nos moleques e depois falou para Jorginho.

O próximo que mexer com você, fale comigo, viu, Jorginho?—Pela maneira que Sergião olhou, sabiam que era sério. E pelo alívio no rosto de Jorginho, Sergião sabia que realmente valeu a pena.

O MAPA DO TESOURO

Poucas pessoas têm coragem para defender alguém sendo maltratado pelo bullying. Veja as palavras de Provérbios sobre aqueles que oprimem outros e sobre aqueles que os protegem:

> *Abre a boca a favor do mudo, pelo direito de todos os que se acham desamparados.*
> *Abre a boca, julga retamente e faze justiça aos pobres e aos necessitados.*
>
> (Provérbios 31:8,9)

Estes versículos não se aplicam tanto ao resgate romântico de uma dama em apertos, tanto quanto ao socorro de pessoas não muito amáveis ou bonitas. Os verdadeiros "Cavalheiros em Armadura Branca" no Exército de Deus resgatam os desesperados e desamparados que poucas vezes recebem um ato de misericórdia.

 ## CAVANDO FUNDO

1) Leia Salmos 112:4,5. O que acontecerá à pessoa generosa, segundo a Palavra de Deus?
2) Leia Tiago 2:15-17. Quais as responsabilidades do cristão para com um irmão necessitado?
3) Leia Gálatas 6:9,10. Qual deve ser nossa ordem de prioridades em termos de ação social?

 ## ABRINDO O BAÚ

Até que ponto o indivíduo/igreja deve se envolver em obras sociais de defesa dos pobres? Sua igreja tem algum ministério de ação social? Já orou sobre a possibilidade de você participar?

 ## UMA ORAÇÃO

Senhor, ajuda-me a ser mais sensível às necessidades dos que estão ao meu redor. Perdoa-me por ser egoísta e insensível, quando outros sofrem tanto. Amém.

 ## UM BRILHANTE

Informa-se o justo da causa dos pobres,
mas o perverso de nada disso quer saber. (Provérbios 29:7)

3. MOSTRANDO MISERICÓRDIA

Aquele que mostra compaixão
um dia receberá seu galardão.

O grande patriarca Jó relatou como ele havia mostrado misericórdia aos necessitados. Pense se sua vida poderia ser descrita assim.

... eu livrava os pobres que clamavam
e também o órfão que não tinha quem o socorresse.
A bênção do que estava a perecer vinha sobre mim,
e eu fazia rejubilar-se o coração da viúva.
Eu me cobria de justiça, e esta me servia de veste;
como manto e turbante era minha equidade.
Eu me fazia de olhos para o cego, e de pés para o coxo.
Dos necessitados era pai
e até as causas dos desconhecidos eu examinava.
Eu quebrava os queixos do iníquo
e dos seus dentes lhe fazia eu cair a vítima.

(Jó 29:12-17)

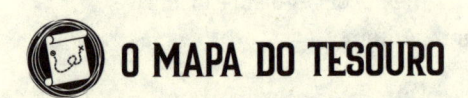 ## O MAPA DO TESOURO

O que despreza ao seu vizinho peca,
mas o que se compadece dos pobres é feliz. (Provérbios 14:21)

O que aumenta os seus bens com juros e ganância
ajunta-os para o que se compadece do pobre. (Provérbios 28:8)

Salmos 68:5,6 diz que: *Pai dos órfãos e juiz das viúvas é Deus em sua santa morada. Deus faz que o solitário more em família; tira os cativos para a prosperidude; só os rebeldes habitam em terra estéril.*

CAVANDO FUNDO

1) Leia Deuteronômio 24:19-21 para descobrir algumas maneiras práticas de mostrar compaixão aos pobres em uma comunidade agrícola antiga. Quais seriam alguns paralelos na nossa sociedade?
2) Leia Salmos 146:5-10. Como é nosso Deus, conforme esses versículos? Como seu caráter deve motivar nossa compaixão?
3) Leia Tiago 1:27. Como Deus define espiritualidade genuína? O que órfãos e viúvas têm em comum? Pode a religião verdadeira ser fingida? Como?

ABRINDO O BAÚ

Você já pensou sobre o que pode fazer para ajudar os necessitados da rua onde você mora?

UMA ORAÇÃO

Pai, que a vida de Jesus brilhe por intermédio da minha vida. Supere, por favor, minha fraqueza e falta de amor, e ame aos outros por meio da minha vida. Amém.

UM BRILHANTE

Informa-se o justo da causa dos pobres,
mas o perverso de nada disso quer saber. (Provérbios 29:7)

4. OLHOS ABERTOS

A vida não é justa, aprenda a lição,
não mereço nada,m as as bênçãos minhas são.

"Não é justo!". Ouvimos a frase muitas vezes. Tem razão, a vida não é justa. Mas não como a gente pensa. Pessoas que reclamam que a vida não as trata como merecem normalmente olham de baixo para cima, ou seja, de onde estão e do que têm para onde gostariam de estar e gostariam de ter.

Precisamos abrir nossa perspectiva e enxergar a vida com novos olhos. A vida não é justa, pois:

- muitos nascem com deficiências físicas e mentais;
- há milhares de mutilados de guerra, mas nunca experimentei a guerra;
- milhões de pessoas dormem com fome cada noite, e muitos morrem de fome;
- bilhões de pessoas nunca ouviram o nome de Jesus, mas eu o conheço pessoalmente;
- cristãos são perseguidos atualmente no mundo mais do que nunca, mas jamais realmente sofri pela fé.

Com certeza, a vida não é justa. Preciso abrir os olhos e ser movido pela compaixão (e não pelo ciúme) pelas pessoas ao meu redor que não têm as bênçãos que tenho.

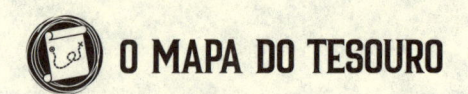 ## O MAPA DO TESOURO

O que dá ao pobre não terá falta,
mas o que dele esconde os seus olhos
será cumulado de maldições. (Provérbios 28:27)

Informa-se o justo da causa dos pobres,
mas o perverso de nada disso quer saber. (Provérbios 29:7)

CAVANDO FUNDO

1) Como você responde quando vê pessoas com deficiências ao seu redor? Mantenha seus olhos abertos para descobrir o quanto Deus tem abençoado sua vida. Seja compassivo para com as pessoas que não foram tão abençoadas.

2) 1Coríntios 4:7 diz: *Pois quem é que te faz sobressair? E que tens tu que não tenhas recebido? E, se o recebeste, por que te vanglorias, como se o não tiveras recebido?* Como o orgulho faz com que não nos compadeçamos das pessoas necessitadas ao nosso redor?

ABRINDO O BAÚ

Muitas pessoas reclamam que "a vida não é justa" quando olham para as pessoas que têm mais do que elas possuem. Que tal agradecer a Deus pelas muitas bênçãos que você tem?

UMA ORAÇÃO

Perdoa-me, Senhor, por ter reclamado e murmurado
pensando que mereço mais do que tenho. Ajuda-me a
reconhecer as boas dádivas que o Senhor já me concedeu,
e a ser compassivo para com aqueles que estão ao meu redor
que não são tão felizes. Amém.

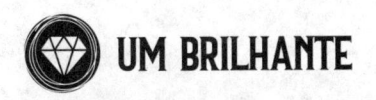

UM BRILHANTE

Informa-se o justo da causa dos pobres,
mas o perverso de nada disso quer saber. (Provérbios 29:7)

GUARDANDO OS OLHOS

I. PROPÓSITO MORAL

Com olhos fixos somente em Jesus,
o justo anda sempre na luz.

José não tinha desculpas. Seu técnico falara mil vezes. "Nunca olhe para trás no meio da corrida! Concentre-se sempre no alvo". E era isso que José fazia sempre – até hoje. Como corredor no time de revezamento 4 x 400 m, ele sempre terminava a corrida, muitas vezes passando outros competidores para ganhar o troféu para seu time. O que fez a derrota de hoje mais difícil de engolir. Na última curva, na corrida final do campeonato estadual de atletismo, José fez algo que nunca havia feito. Olhou para trás para verificar sua margem de vantagem sobre o corredor mais próximo, quando ele tropeçou por um milissegundo, perdeu a concentração, e quase soltou o bastão. Isto foi o suficiente para dar ao outro corredor a oportunidade que precisava. Uma rápida olhada para trás custou o campeonato para José e seu time.

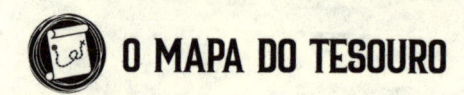 ## O MAPA DO TESOURO

Segundo Provérbios, cada um de nós tem a responsabilidade não somente de guardar nosso coração (veja 4:23), mas os nossos olhos também. Isto porque nossos olhos influenciam todo o corpo, e especialmente nossos corações. Ao preservar nossos olhos, não podemos ser distraídos pelas diversões que fazem com que deixemos cair o bastão do propósito de Deus para nossas vidas.

> Filho meu, atenta para as minhas palavras;
>   aos meus ensinamentos inclina os ouvidos.
> Não os deixes apartar-se dos teus olhos;
>   guarda-os no mais íntimo do teu coração [...].
> Os teus olhos olhem direito, e as tuas pálpebras,
>   diretamente diante de ti. (Provérbios 4:20,21,25)

Conforme estes versículos, devemos evitar os desvios dos caminhos da sabedoria. Somente um olhar constante e um compromisso firme com o propósito de Deus são suficientes para mantermos nossa mira no nosso andar com o Senhor.

 ## CAVANDO FUNDO

1) Leia Hebreus 12:1,2. Em quem deve o cristão fixar seus olhos?
2) Leia Mateus 6:22-24. O que Jesus nos ensina sobre a importância de guardar nossos olhos? Por que os olhos são tão importantes?

 ## ABRINDO O BAÚ

Quais são algumas diversões que poderiam desviar você do propósito de Deus para sua vida?

 ## UMA ORAÇÃO

Pai, ajuda-me a fixar meus olhos em Jesus e não ser distraído pelas coisas deste mundo. Ajuda-me a ser fiel a Seu plano para minha vida. Amém.

 ## UM BRILHANTE

Os teus olhos olhem direito, e as tuas pálpebras, diretamente diante de ti. (Provérbios 4:25)

2. CONTENTAMENTO

O olho do homem sempre quer mais,
mas somente Deus é quem satisfaz.

A mitologia diz que Midas era um homem que somente cobiçava o ouro. Quando ganhou o poder incrível de tornar tudo que tocasse em ouro, o rei pensava que todos os seus sonhos finalmente seriam realizados. Em vez disso, descobriu a miséria, pois a comida, seus amigos mais chegados, e até mesmo sua filha preciosa se tornaram estátuas de ouro diante de seus olhos. Foi somente então que o rei aprendeu que o significado da vida vai muito além das riquezas. A cobiça é um buraco negro que nunca se satisfaz, assim como Provérbios diz:

> *O inferno e o abismo nunca se fartam,*
> *e os olhos do homem nunca se satisfazem. (Provérbios 27:20)*

O MAPA DO TESOURO

Enganamo-nos se pensamos que o melhor que esta vida tem para oferecer é capaz de preencher o vazio do nosso coração. Olhos avarentos oferecem um banquete ao coração faminto, que almeja uma delícia de sossego e paz. Mas contentamento verdadeiro nunca vem... Talvez haja satisfação por um momento, mas no final somente haverá uma fome maior.

> *... afasta de mim a falsidade e a mentira;*
> *não me dês nem a pobreza nem a riqueza;*
> *dá-me o pão que me for necessário;*
> *para não suceder que, estando eu farto, te negue e diga.*
> *Quem é o Senhor? Ou que, empobrecido,*
> *venha a furtar, e profane o nome de Deus. (Provérbios 30:8,9)*

Se não houver mudança de coração, os olhos do homem são condenados a uma eterna busca por satisfação, prazer e significado. Somente Cristo pode satisfazer os desejos do coração humano. Somente um relacionamento com Ele trará a realização daquilo que você almeja no mais interior do seu coração.

 ## CAVANDO FUNDO

1) Santo Agostinho, filósofo e Pai da Igreja, disse certa vez: "O coração do homem nunca descansa, até que descanse em Ti". Por que você acha que pessoas tentam tanto achar satisfação longe de Deus?
2) Leia Eclesiastes 3:11. O que você acha que significa a expressão: *Deus* pôs a eternidade no coração do homem ?
3) Leia Hebreus 13:5. Qual a motivação principal para o contentamento na vida? Deus realmente é suficiente para satisfazer os desejos do coração humano?

 ## ABRINDO O BAÚ

Preencha o espaço : *Realmente ficaria contente se pelo menos eu .* _____

Talvez isto revele a área em que você está sendo tentado a cobiçar e não esteja contente. Avalie as áreas da sua vida em que você não está deixando Deus ser suficiente para você.

 ## UMA ORAÇÃO

Deus, perdoa-me por ter buscado nas coisas deste mundo o que somente posso encontrar em ti. Ensina-me a ficar contente onde estou, por que tu estás comigo. Amém.

 ## UM BRILHANTE

Os teus olhos olhem direito, e as tuas pálpebras,
diretamente diante de ti. (Provérbios 4:25)

3. OLHOS VAGUEANDO

*Os olhos cobiçosos que vagueiam sem parar
à procura de grama verde, na lama vão atolar.*

O que todas estas situações têm em comum?

- Uma jovem "pega emprestado" as respostas da sua colega durante uma prova de biologia;
- Um grupo de meninos em um retiro de adolescentes faz o "ranking" da aparência das moças de um a dez;
- Um homem de negócios fica com ciúmes do novo carro do seu vizinho;
- Uma mãe descobre um diário de sua filha adolescente "por acaso" e lê algumas páginas.

Em cada caso, alguém é culpado por ter olhos que vagueiam. Seja por ter curiosidade não saudável, seja por vício, esses olhos representam um perigo sério para o cristão.

O MAPA DO TESOURO

Uma das razões por que Provérbios nos aconselha a disciplinar nossos olhos para que não vagueiem é porque tudo que vemos se torna um quadro na galeria da nossa mente. A memória guarda por muito tempo nossas rápidas olhadas às coisas que não convêm.

> *A sabedoria é o alvo do inteligente,*
> *mas os olhos do insensato vagam pelas extremidades da terra.* (Provérbios 17:24)

> *Não cobices no teu coração a ... formosura (da mulher adúltera),*
> *nem te deixes prender com as suas olhadelas.* (Provérbios 6:25)

CAVANDO FUNDO

1) Leia Jó 31:1. Como Jó resolveu evitar olhos que vagueavam?
2) Avalie a seguinte declaração: "Tudo que vemos se torna um quadro na galeria da nossa mente". Você pode pensar em exemplos? Qual o perigo?

3) Conforme 1João 2:16,17 a concupiscência da carne, a concupiscência dos olhos e a soberba da vida, não procedem do Pai, mas procedem do mundo. Quais são algumas das maneiras pelas quais o mundo procura nos seduzir para longe de Deus?

 ## ABRINDO O BAÚ

Quais as áreas de maior tentação visual que atrapalham seu andar com Deus? Como você poderia evitá-las ou vencê-las hoje?

 ## UMA ORAÇÃO

Pai, guarda-me das seduções deste mundo. Ensina-me a disciplinar meus olhos, a fim de que eu não guarde imagens ruins. Amém.

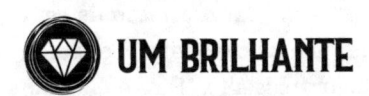 ## UM BRILHANTE

Os teus olhos olhem direito, e as tuas pálpebras, diretamente diante de ti. (Provérbios 4:25)

4. EXEMPLO DOS PAIS

Roberto, filho de um advogado que havia escrito vários textos famosos sobre Direito, enfrentou o juiz que iria sentenciá-lo por falsificação de cheques. O juiz olhou ao jovem delinquente e repreendeu-o.

— Moço, lembra do seu pai a quem você desonrou com o seu comportamento criminoso?

— Sim, lembro muito bem dele — veio a resposta. — Quando eu pedia para meu pai brincar ou ler comigo, ele sempre respondia. "Saia daqui, menino. Estou ocupado". Foi assim que meu pai terminou seus livros, e aqui estou eu.

O MAPA DO TESOURO

Os pais têm oportunidades maravilhosas para moldar o coração de seus filhos. Eles fazem isso todos os dias por intermédio do que dizem e fazem. Normalmente, porém, são as ações que falam mais alto. "Faça o que falo e não o que faço" parece ser um lema muito popular entre alguns pais. Felizmente, os filhos aguentam muitos erros dos pais, especialmente quando mamãe e papai têm o hábito de pedir perdão por erros cometidos. Veja como um pai incentivou seu filho a guardar o que aprendeu dele:

> *Filho meu, guarda as minhas palavras e*
> *conserva dentro de ti os meus mandamentos.*
> *Guarda os meus mandamentos e vive;*
> *e a minha lei, como a menina dos teus olhos.* (Provérbios 7:1,2)

> *Dá-me, filho meu, o teu coração,*
> *e os teus olhos se agradem dos meus caminhos.* (Provérbios 23:26)

"A menina dos teus olhos" refere-se ao centro do olho. O corpo inteiro protege essa parte preciosa do olho. Assim como o olho é precioso para o corpo, o ensino e exemplo dos pais deve ser precioso aos filhos. Os pais precisam examinar a mensagem que suas vidas e palavras comunicam.

CAVANDO FUNDO

1) Quais são algumas das maneiras que os filhos podem guardar os ensinamentos transmitidos para eles pelos pais? Pense em termos de tradições familiares, memoriais, memorização, histórias etc. Qual o papel dos pais nisso?
2) Leia 1Coríntios 4:16,17; 11:1 e Filipenses 3:17. O pai deve deixar um bom exemplo para o "olho" de seu filho, a quem ele precisa seguir.

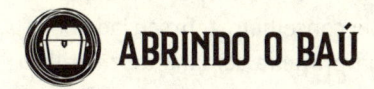
ABRINDO O BAÚ

Como você reescreveria a expressão "Faça o que falo, não o que faço" para refletir a perspectiva divina sobre a responsabilidade paterna?

UMA ORAÇÃO

Senhor, perdoa-me pelas vezes que eu mesmo deixei um exemplo negativo para as pessoas ao meu redor.
Ajuda-me a ser mais como Jesus enquanto Ele projeta sua luz por intermédio de mim. Amém.

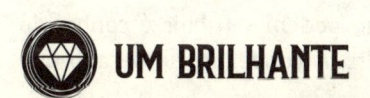
UM BRILHANTE

Os teus olhos olhem direito, e as tuas pálpebras, diretamente diante de ti. (Provérbios 4:25)

LIDERANÇA E AUTORIDADE

I. IMPARCIALIDADE

*O líder que trata todos como iguais
tem a melhor das credenciais.*

Victor entrou no dormitório, olhou ao seu redor e foi direto para o último beliche da fileira. Assim como esperava, havia uma barra de chocolate com seu nome escrito em uma etiqueta sobre o travesseiro, o "suborno" do dia. Victor saboreou seu "prêmio" enquanto terminava a inspeção do quarto, pois era o conselheiro do acampamento. "Ser conselheiro tem seu lado bom" ele pensou. "Não é nada ruim para minha primeira semana de trabalho. Um saco de salgadinhos na segunda-feira, bombons na terça, chocolate na quarta." Mesmo com o quarto desarrumado, ele deu "dez" para todos.

Nesse instante, seu chefe entrou no dormitório.

— Victor. — A voz dele encheu o quarto. — Alguns dos acampantes estão reclamando de suborno e favoritismo. Quero ver sua prancheta de inspeções.

Foi assim que na semana seguinte, Victor foi trabalhar na equipe da P. S. (Polícia Sanitária). Ninguém subornava pela limpeza de vasos sanitários do acampamento.

O MAPA DO TESOURO

Dar tratamento preferencial àqueles que podem retribuir é conhecido como favoritismo ou parcialidade. Provérbios condena esse pecado que derruba líderes.

> *O rei justo sustém a terra,*
> *mas o amigo de impostos a transtorna.*
> *O rei que julga os pobres com equidade firmará*
> *o seu trono para sempre.* (Provérbios 29:4,14)

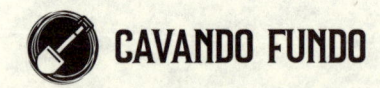 CAVANDO FUNDO

1) Você consegue pensar em exemplos recentes de favoritismo/parcialidade por parte de líderes espirituais ou políticos?

2) Por que a maneira pela qual alguém trata os menos privilegiados é um ótimo teste de caráter? Observe que Provérbios promete recompensa àqueles que tratam os pobres com justiça e equidade (veja Provérbios 14:21,31; 19:17; 28:27).

3) Leia Tiago 2:1-9. Por que Deus condena a acepção de pessoas?

 ## ABRINDO O BAÚ

Deus concedeu a você alguma responsabilidade de liderança? Você tem sido um líder imparcial? Quais as áreas de maior tentação para mostrar o favoritismo?

 ## UMA ORAÇÃO

Pai celeste, perdoa-me pelo pecado do favoritismo.
Ajuda-me a ser imparcial, nunca esperando receber
nada de volta. Amém.

 ## UM BRILHANTE

*O que ama a pureza do coração e é grácil no falar
terá por amigo o rei. (Provérbios 22:11)*

2. HONESTIDADE E SABEDORIA

Quem lidera com integridade
sobe acima da adversidade.

As histórias de José e Daniel na Bíblia ilustram um princípio de liderança. Fidelidade em pouco leva à responsabilidade por muito. Um caráter provado sobe acima de circunstâncias adversas.

José foi vendido como escravo na adolescência (veja Gênesis 37). Ele...

- ◆ Era servo fiel, que era mordomo da casa de Potifar, capitão da guarda de Faraó (Gênesis 39:1-6).
- ◆ Foi lançado na prisão quando recusou ser seduzido pela esposa do seu patrão (Gênesis 39:7-20).
- ◆ Levantou-se novamente, mesmo na cadeia por causa de serviço fiel (Gênesis 39:20-23).
- ◆ Foi esquecido por dois anos depois de interpretar o sonho do copeiro do rei (Gênesis 40).
- ◆ Foi elevado a segundo no comando do Egito (Gênesis 41).

Daniel foi levado ao cativeiro, quando adolescente (Daniel 1:1-10). Ele...

- ◆ Foi fiel à lei de Deus e se tornou conselheiro sob Nabucodonosor, rei da Babilônia (Daniel 1:11-21).
- ◆ Foi lançado na cova dos leões quando insistiu em orar a Deus contra as ordens do rei (Daniel 6).
- ◆ Foi elevado (outra vez) a segundo em comando sobre todo o reino "... porque ele era fiel, e não se achava nele nenhum erro nem culpa." (Daniel 6:4).

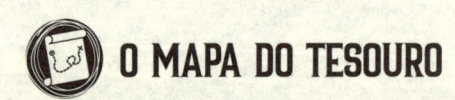 O MAPA DO TESOURO

Honestidade, pureza, sabedoria e fidelidade inevitavelmente sobem à superfície, mesmo quando a perseguição tenta suprimi-los. Pense nestes versículos de Provérbios:

Os lábios justos são o contentamento do rei,
e ele ama o que fala cousas retas. (Provérbios 16:13)

O que ama a pureza do coração e é grácil no falar
terá por amigo o rei. (Provérbios 22:11)

O escravo prudente dominará sobre o filho que causa vergonha
e, entre os irmãos, terá parte na herança. (Provérbios 17:2)

O servo prudente goza do favor do rei,
mas o que procede indignamente é objeto do seu furor. (Provérbios 14:35)

CAVANDO FUNDO

1) Muitas vezes, a verdade machuca. Por que bons líderes valorizam pessoas que falam a verdade?
2) Você consegue lembrar de outros exemplos bíblicos de servos sábios que alcançaram posições de liderança? Pense nas biografias de Moisés e Davi. Como eles provaram ser líderes sábios?
3) Leia a parábola das dez minas em Lucas 19:11-27. Como a fidelidade e a liderança se relacionam?

ABRINDO O BAÚ

Você está sendo fiel no lugar em que Deus o colocou? Há áreas de responsabilidade onde você tem sido relaxado?

UMA ORAÇÃO

Pai, ajuda-me a crescer em sabedoria, honestidade e fidelidade enquanto sirvo teu povo aonde quer que tu me coloques. Amém.

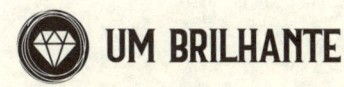 UM BRILHANTE

O que ama a pureza do coração e é grácil no falar
terá por amigo o rei. (Provérbios 22:11)

3. TIRANIA

O líder soberbo e opressor
não lidera como o Senhor.

A família Ramos estava em apertos e sabia disso. A babá das crianças havia ligado na última hora para dizer que não podia cuidar dos seus três filhos, mas eles precisavam participar de uma reunião importante. A única opção? Decidiram deixar seu filho Júlio com 12 anos cuidando dos seus irmãos de 8 e 5 anos. Depois de dar todas as instruções e os números de telefone em caso de emergência, os pais saíram.

Momentos depois, Júlio fez seu primeiro discurso como "chefe de Estado".

— Prestem atenção, garotos. Talvez vocês pensaram que seria só moleza esta noite, mas vou lhes dizer que vamos trabalhar para deixar esta casa perfeita. Podem começar tirando a mesa e colocando tudo na máquina de lavar louça. Depois podem arrumar a sala. E eu quero um refrigerante. Um de vocês pegue na geladeira...

— Espere aí, sua majestade — interrompeu seu irmão Cláudio. — Quem morreu e deixou você nosso chefe? O que você vai fazer?

— Eu? Eu sou responsável por vocês. Vou ficar aqui no sofá verificando se vocês fazem tudo direitinho. Onde está meu refrigerante?

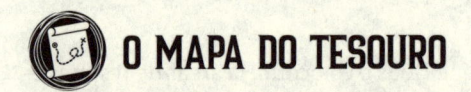 ## O MAPA DO TESOURO

Alguém disse que o líder que não serve não serve para ser líder. Volta e meia poder e autoridade sobem à cabeça de novos líderes. Como é raro achar um líder que realmente serve seus liderados.

> *Ao insensato não convém a vida regalada,*
> *quanto menos ao escravo dominar os príncipes!* (Provérbios 19:10)

> *Sob três cousas estremece a terra, sim, sob quatro não pode subsistir.*
> *sob o servo quando se torna rei...* (Provérbios 30:21, 22)

> *O príncipe falto de inteligência multiplica as opressões,*
> *mas o que aborrece a avareza viverá muitos anos.* (Provérbios 28:16)

Em João 13, Jesus deu aos seus discípulos um exemplo de liderança humilde quando lavou seus pés: *Ora, se eu, sendo o Senhor e o Mestre, vos lavei os pés, também vós deveis lavar os pés uns dos outros* (João 13:14).

CAVANDO FUNDO

1) Você consegue pensar em exemplos na história antiga ou moderna de ditadores que oprimiram as pessoas? O que aconteceu com eles?
2) Leia a história de Roboão em 1 Reis 12. Por que algumas pessoas não conseguem controlar seu próprio ego quando ficam com poder e autoridade?
3) Leia Mateus 20:20-28. Que tipo de líderes Deus quer que seus filhos sejam?

ABRINDO O BAÚ

Reserve alguns momentos agora para orar pelos líderes familiares, espirituais e políticos em sua vida, que sejam líderes conforme o exemplo de Jesus.

UMA ORAÇÃO

Senhor, é tão fácil permitir que a autoridade suba à minha cabeça. Ajuda-me a liderar humildemente, não com autoritarismo ou show. Amém.

UM BRILHANTE

*O que ama a pureza do coração e é grácil no falar
terá por amigo o rei.* (Provérbios 22:11)

4. BOM JUÍZO

Elizabete não conseguia lembrar a última vez em que ficou tão cansada. Nunca deveria ter concordado em ser babá para seus sobrinhos na semana de exames, mas agora já era tarde. Estava dormindo menos de cinco horas por noite e os resultados eram óbvios. Em um minuto ela ficava impaciente e irada, no seguinte queria chorar sem razão. Agora, pela primeira vez no dia inteiro, havia um silêncio na casa; as crianças estavam ocupadas no quarto, a louça já fora lavada, e talvez ela pudesse fechar os olhos só alguns minutos...

De repente, Elizabete acordou assustada. Alguém estava chorando. Olhou o relógio. Uma hora havia passado. As crianças! Encontrou seus sobrinhos brigando sobre um brinquedo, e o quarto um desastre. Elizabete se sentiu horrível pelo que havia acontecido, mas também aliviada. "Poderia ter sido muito pior", ela pensou. "Nunca vou deixar acontecer de novo!"

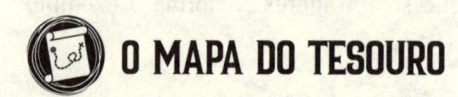 ## O MAPA DO TESOURO

Provérbios estabelece um alto padrão de comportamento para líderes. Por causa de sua influência e poder, o líder sempre precisa manter suas habilidades mentais sob controle. Isto é necessário para garantir que lidere justa e honestamente.

> *Não é próprio dos reis, ó Lemuel,*
> *não é próprio dos reis beber vinho,*
> *nem dos príncipes desejar bebida forte.*
> *Para que não bebam, e se esqueçam da lei,*
> *e pervertam o direito de todos os aflitos.* (Provérbios 31:4,5)

O alto padrão de comportamento do Antigo Testamento para reis facilmente se aplica ao cristão atualmente. Todo crente em Cristo Jesus ocupa posição de liderança como testemunha do poder de Cristo, àqueles que estão ao seu redor. Por isso, o cristão deve sempre se manter em estado alerta e sóbrio.

CAVANDO FUNDO

1) Leia a história de Nadabe e Abiú em Levítico 10:1-11. Qual foi o pecado deles? Observe bem os versículos 10 e 11.
2) Quais são outras maneiras, além do álcool e das drogas, em que um líder pode ser dominado de tal forma que esqueça da justiça?
3) O Novo Testamento estabelece provas de liderança. Leia 1Timóteo 3:1-7. Quais dessas qualidades refletem a importância de uma mente equilibrada para tomar boas decisões?

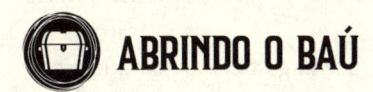

ABRINDO O BAÚ

Há qualquer coisa em sua vida que exerce influência forte demais sobre suas decisões e a clareza do seu pensamento? Pense em termos de vícios, dinheiro, namoro, diversão etc.

UMA ORAÇÃO

Pai, dá-me uma mente equilibrada para poder sempre tomar decisões sábias e orientadas por ti. Livra-me de qualquer coisa que me domine ou ofusque minha razão. Amém.

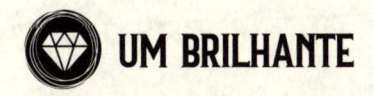

UM BRILHANTE

O que ama a pureza do coração e é grácil no falar
terá por amigo o rei. (Provérbios 22:11)

DIAMANTES SOLTOS II

I. ANSIEDADE

Palavras alegres de compaixão
tiram a angústia do coração.

Veja o que alguns têm falado sobre ansiedade:

- "Já sou um homem velho, e conheci muitas aflições na minha vida, a maioria das quais nunca aconteceu" (Mark Twain).
- "Ansiedade nunca rouba amanhã da sua tristeza, somente esvazia hoje da sua alegria" (Leo Buscaglia).
- "Ansiedade representa os juros que você paga pela dívida que ainda não deve" (Keith Caserta).
- "Não adianta abrir o guarda-chuva até que comece a chover" (Alice Caldwell Rice).
- "Ansiedade é um abuso da imaginação" (Dan Zadra).

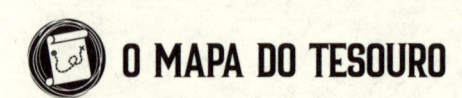 ## O MAPA DO TESOURO

O livro de Provérbios descreve o fardo da ansiedade, que aflige como praga a raça humana:

> *A ansiedade no coração do homem o abate,*
> *mas a boa palavra o alegra.* (Provérbios 12:25)

O contraste entre as duas linhas desse provérbio nos ensina uma das melhores maneiras de combater a ansiedade. A palavra correta na hora certa pode ser um escudo que protege nosso amigo dos dardos inflamados de preocupações. O que significa uma "boa palavra"? É uma lembrança verbal do poder, amor e cuidado do nosso Pai celeste que ministra graça ao que ouve. Essas palavras consolam e estimulam, não com chavões evangélicos mas com expressões de compaixão e interesse genuíno que brotam do coração sincero.

 **CAVANDO FUNDO**

1) Avalie esta declaração: *Toda a ansiedade é pecado, porque no fundo representa falta de fé na Pessoa e nas promessas de Deus.*
2) Leia Mateus 6:25-34, 1Pedro 5:7 e Filipenses 4:6,7. Procure resumir os ensinos de Jesus, Pedro e Paulo sobre a ansiedade.

 **ABRINDO O BAÚ**

Você conhece alguém que está passando por um período difícil de ansiedade ou dúvida? Que tal ligar ou escrever para ele com uma palavra de encorajamento?

 **UMA ORAÇÃO**

Senhor, ajuda-me a entregar para ti minhas preocupações e depender mais de ti. Quero ser um ministro da tua graça àqueles que estão ao meu redor, compartilhando palavras de graça que eles tanto necessitam. Amém.

 **UM BRILHANTE**

*Como cidade derribada, que não tem muros,
assim é o homem que não tem domínio próprio.* (Provérbios 25:28)

2. AUTOCONTROLE

Homens de ira e cidades sem muros
quando expostos ficam em apuros!

Zezinho havia provocado seu adversário durante o jogo todo. Fazia parte da sua estratégia. Sabia que Mário, o grande zagueiro, tinha somente um ponto fraco – seu gênio forte e explosivo. Pouco a pouco o atacante o irritava – uma gozação aqui, uma cotovelada escondida ali, até que o outro estava prestes a detonar.

Finalmente, chegou a hora. Com poucos minutos para o final de um jogo empatado, Zezinho recebeu a bola na grande área e a deixou correr um pouco à sua frente. Mário engoliu a isca, entrando com tudo em um carrinho calculado para quebrar as duas pernas do centroavante. Mas foi um momento de descuido. Zezinho deu um pequeno pulo, puxou a bola para o lado, fitou mais uma vez e chutou no canto esquerdo do gol. O jogo terminou 1 x 0.

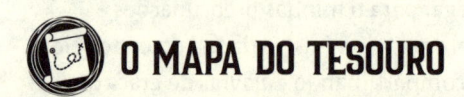 ## O MAPA DO TESOURO

Autocontrole – *a habilidade de manter a calma em circunstâncias difíceis*, nos serve bem quando ficamos em apertos. A pessoa que fica "com os nervos à flor da pele" se predispõe à derrota.

> *Como cidade derribada, que não tem muros,*
> *assim é o homem que não tem domínio próprio.* (Provérbios 25:28)

> *Melhor é o longânimo do que o herói da guerra,*
> *e o que domina o seu espírito, do que o que toma uma cidade.* (Provérbios 16:32)

As cidades antigas precisavam de muros altos e bem construídos para se defenderem contra ataques do inimigo. Uma cidade sem esses muros era totalmente exposta a perigos. Uma pessoa que não se domina é assim; mesmo que tenha grande força (física, mental), sem autocontrole ela se torna seu maior inimigo.

CAVANDO FUNDO

1) Por que a paciência (autocontrole) vale mais do que a força física?
2) Leia Tiago 3:1,2. Como Tiago aplica o autocontrole ao uso da língua?
3) Leia Gálatas 5:22-26. Observe bem o último "Fruto do Espírito". Por que o cristão precisa depender de Deus para produzir o autocontrole? Quais as qualidades de caráter associadas a ele?

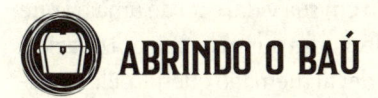

ABRINDO O BAÚ

Qual a área em que você tem menos autocontrole? Como você poderia desenvolvê-lo mais para ser uma pessoa mais forte e dependente de Deus?

UMA ORAÇÃO

Pai, controla-me pelo teu Santo Espírito. Ensina-me a dominar a mim mesmo e guarda-me do domínio do pecado. Amém.

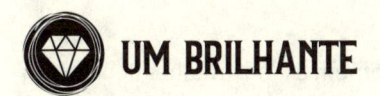

UM BRILHANTE

Como cidade derribada, que não tem muros,
assim é o homem que não tem domínio próprio. (Provérbios 25:28)

3. AVÓS

*Avós piedosos e de confiança
deixam aos netos uma santa herança.*

Alexandra olhava para o teto do seu quarto refletindo sobre os eventos tristes daquele dia. Sentia um nó em sua garganta, e seus olhos encheram-se de lágrimas pela vigésima vez. Como sentiria falta do vovô!

Ela havia assistido somente outro enterro em sua vida, e foi de uma tia que morava longe e que quase não conhecia. Alexandra nunca imaginara o vazio e a dor que ficavam no coração depois de perder alguém tão querido. Ela começou a recordar tantos momentos que passaram juntos. A vez que ele a levou ao acampamento, e como a acalmou antes de voltar para casa... Uma madrugada que ela levantou para beber água e o achou ajoelhado na sala orando pela sua família ou a casa de bonecas que ele fez no seu sétimo aniversário...

Naquele momento, a mãe da Alexandra entrou silenciosamente no quarto.

— Está bem, querida — ela sussurrou. — Vovô está com Jesus agora, mas deixou muito de si conosco. Nunca vamos esquecê-lo, né, querida?

 ## O MAPA DO TESOURO

Muito mais que posses ou bens, o bom homem e a boa mulher deixam um legado à sua família, uma herança rica de exemplo de vida que fica para sempre. Mesmo quando já deixaram este mundo, a vida desses avós continua presente por meio dos filhos e netos que receberam esses bons exemplos.

> *O homem de bem deixa herança aos filhos de seus filhos,*
> *mas a riqueza do pecador é depositada para o justo.* (Provérbios 13:22)

> *Coroa dos velhos são os filhos dos filhos;*
> *e a glória dos filhos são os pais.* (Provérbios 17:6)

 ## CAVANDO FUNDO

1) Você acha que a herança mencionada no versículo citado anteriormente é material (dinheiro, posses etc.) ou espiritual? Por quê?

2) Avalie esta afirmação: *O verdadeiro teste para os pais é a vida de seus netos.* Você concorda ou discorda? Por que sim ou por que não?

3) Leia 2 Timóteo 1:5-7. Que tipo de avó Timóteo tinha? Como ela influenciou sua família?

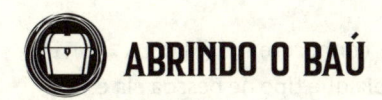

ABRINDO O BAÚ

Você já agradeceu a Deus pelo legado familiar que recebeu? Mesmo que seus familiares não sejam crentes, Deus tem um propósito por ter colocado você em sua família. Você consegue identificar alguns aspectos positivos de influência familiar em sua vida?

UMA ORAÇÃO

Obrigado, Senhor, por meus avós. Obrigado pelas lições que aprendo com eles. Ajuda-me a deixar uma herança positiva aos meus futuros descendentes. Amém.

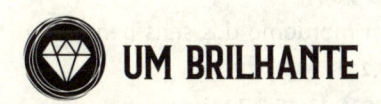

UM BRILHANTE

Como cidade derribada, que não tem muros,
assim é o homem que não tem domínio próprio. (Provérbios 25:28)

4. MARCAS DO SÁBIO

Pelo seu fruto, o sábio se conhece,
com grande luz sua vida resplandece.

Certa vez Jesus falou: " Pelos seus frutos os conhecereis..." (Mateus 7:16). Em outras palavras, a vida de uma pessoa revela que tipo de pessoa ela é.

No mundo todo vemos esse princípio em ação: identificamos objetos, criaturas e pessoas pelas marcas distintas. A zebra se identifica pelas listras, a girafa pelo pescoço, a baleia pelo tamanho etc.

Provérbios também nos ajuda a identificar uma espécie quase extinta nestes dias: o sábio. Como reconhecer um sábio? Como ser um deles?

Provérbios alista pelo menos cinco marcas que identificam o sábio. Concluímos nossos estudos em Provérbios com este resumo das características de um verdadeiro sábio. O sábio:

1) Teme a Deus e vive na presença de dele (veja Provérbios 1:7; 2:5; 9:10).
2) Ouve a crítica como quem busca crescimento (veja Provérbios 2:15; 15:31; 18:13; 19:20).
3) Foge da imoralidade (veja Provérbios 5,6,7).
4) Trabalha diligentemente como bom mordomo dos seus bens (veja Provérbios 6:1-11; 21:5; 27:12,13; 28:19,20).
5) Fala para a edificação (veja Provérbios 10:13; 15:2,7,14).

 ## O MAPA DO TESOURO

O prudente vê o mal e esconde-se;
mas os simples passam adiante e sofrem a pena. (Provérbios 22:3)

Nos lábios do prudente, se acha sabedoria,
mas a vara é para as costas do falto de senso. (Provérbios 10:13)

Ouve o conselho e recebe a instrução,
para que sejas sábio nos teus dias por vir. (Provérbios 19:20)

 **CAVANDO FUNDO**

1) Você conhece alguém que realmente tenha as características da sabedoria conforme a descrição em Provérbios? Por que você admira essa pessoa?
2) Você acrescentaria outros itens a essa lista de sinais do sábio? O que você descobriu no decorrer deste livro que tem feito de você uma pessoa mais sábia?
3) Leia Tiago 1:2-5. À luz de suas circunstâncias e áreas de provação atuais, você quer que Deus lhe dê um coração sábio, e que os princípios que estudou neste livro sejam práticos e reais em sua vida diária?

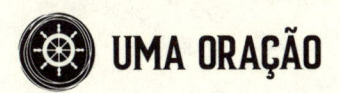 **UMA ORAÇÃO**

Pai, ajuda-me a ser uma pessoa sábia. Quero ter em minha vida as marcas distintas de uma pessoa que teme ao Senhor e que vive tua sabedoria. Ajuda-me a aplicar os princípios que tenho descoberto neste livro maravilhoso de Provérbios. Amém.

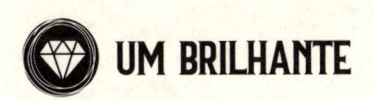 **UM BRILHANTE**

Como cidade derribada, que não tem muros,
assim é o homem que não tem domínio próprio. (Provérbios 25:28)

CONCLUSÃO

Se você navegou até aqui, seu baú espiritual deve estar bem cheio de joias e pedras preciosas da divina sabedoria que achou na jornada. Tome cuidado! Essas joias não são como as demais, que ficam mais caras quando mais raras. A sabedoria de Deus é uma joia que se torna mais preciosa com o uso! Não esconda seu tesouro, mas use-o no dia-a-dia, e Deus abençoará sua vida com graça sobre graça em uma vida dentro da sua vontade.

O tesouro não está mais escondido! A vontade de Deus não precisa ficar distante. Pela graça de Deus, está em nossas mãos, claramente revelada na Palavra de Deus.

Não pare por aqui, continue com esse hábito de ter um tempo devocional na Palavra de Deus. Compartilhe o que tem aprendido com outros. Fale o que Deus tem feito em sua vida.

Em tudo, lembre-se de que em CRISTO estão ocultos todos os tesouros da sabedoria divina (Colossenses 2:3). Permita que a vida sábia dele seja vivida em e através de você para sua eterna glória!

RESUMO DOS VERSÍCULOS

Esta tabela resume os versículos destacados para memorização em cada um dos 32 tópicos deste livro. Use-a para revisar os versículos que você conseguiu memorizar.

O PONTO DE PARTIDA

O temor do Senhor é o princípio do saber,
mas os loucos desprezam a sabedoria e o ensino. (Provérbios 1:7)

O MAPA DO TESOURO

Confia no Senhor de todo o teu coração
e não te estribes no teu próprio entendimento. (Provérbios 3:5)

TESOUROS ESCONDIDOS

Feliz o homem que acha sabedoria ,
e o homem que adquire conhecimento...
Na mão direita a sabedoria lhe garante vida longa,
Na mão esquerda, riquezas e honra. (Provérbios 3:13,16)

DE PAI PARA FILHO

Filho meu, ouve o ensino de teu pai
e não deixes a instrução de tua mãe. (Provérbios 1:8)

EM BUSCA DO TESOURO

Filho meu... se buscares a sabedoria como a prata
e como a tesouros escondidos a procurares,
então entenderás o temor do Senhor
e acharás o conhecimento de Deus. (Provérbios 2:1,4,5)

ARMADILHAS NO CAMINHO

Quem teme ao homem arma ciladas,
mas o que confia no Senhor está seguro. (Provérbios 29:25)

ATENTO ÀS INSTRUÇÕES

Responder antes de ouvir é estultícia e vergonha. (Provérbios 18:13)

O SIMPLES

O prudente vê o mal e esconde-se;

mas os simples passam adiante e sofrem a pena. (Provérbios 22:3)

ORGULHO

A soberba precede a ruína,

e a altivez do espírito, a queda. (Provérbios 16:18)

CRUELDADE

O homem bondoso faz bem a si mesmo,

mas o cruel a si mesmo se fere. (Provérbios 11:17)

MALÍCIA

Não tenhas inveja dos homens malignos, nem queiras estar com eles,

porque o seu coração maquina violência, e os seus lábios falam para o mal.

(Provérbios 24:1,2)

PERVERSIDADE

Filho meu, se os pecadores querem seduzir-te,

não o consintas. (Provérbios 1:10)

FELIZ COM O MANDACHUVA

Teme ao Senhor, filho meu, e ao rei

e não te associes com os revoltosos. (Provérbios 24:21)

DE BRAÇOS CRUZADOS

A preguiça faz cair profundo sono,

e o ocioso vem a padecer fome. (Provérbios 19:15)

NERVOS À FLOR DA PELE

A resposta branda desvia o furor,

mas a resposta dura suscita a ira. (Provérbios 15:1)

DIAMANTES SOLTOS I

Se te mostras fraco no dia da angústia,
a tua força é pequena. (Provérbios 24:10)

PALAVRAS DO SÁBIO I

A morte e a vida estão no poder da língua,
o que bem a utiliza come do seu fruto. (Provérbios 18:21)

FOFOCA

As palavras do maldizente são doces bocados
que descem ao interior do ventre. (Provérbios 18:8 e 26:22)

PALAVRAS DO SÁBIO II

Como maçãs de ouro em salvas de prata,
assim é a palavra dita a seu tempo. (Provérbios 25:11)

MENTIRA

A falsa testemunha não fica impune,
e o que profere mentiras não escapa. (Provérbios 19:5)

AMIGOS PARA SEMPRE

Não tenhas inveja do homem violento, nem sigas
nenhum de seus caminhos; porque o Senhor abomina
o perverso, mas aos retos trata com intimidade. (Provérbios 3:31,32)

PREPARANDO-SE PARA UMA FAMÍLIA FELIZ

O que acha uma esposa acha o bem
e alcançou a benevolência do Senhor. (Provérbios 18:22)

PUREZA MORAL

Afasta o teu caminho da mulher adúltera
e não te aproximes da porta da sua casa (Provérbios 5:8).

ENCHER OU QUEBRAR A CARA

O vinho é escarnecedor, e a bebida forte alvoroçadora;
todo aquele que por eles é vencido não é sábio (Provérbios 20:1).

RIQUEZA OU POBREZA

O rico e o pobre se encontram;
a um e a outro, faz o Senhor. (Provérbios 22:2)

O QUE É MEU É TEU

Honra ao Senhor com os teu bens e as primícias
de toda a tua renda; e se encherão fartamente os teus celeiros,
e transbordarão de vinho os teus lagares. (Provérbios 3:9,10)

CRISE FINANCEIRA

Os planos do diligente tendem à abundância,
as a pressa excessiva, à pobreza. (Provérbios 21:5)

NADANDO CONTRA A MARÉ

Mais vale o bom nome do que as muitas riquezas;
e o ser estimado é melhor do que a prata e o ouro. (Provérbios 22:1)

COMPAIXÃO

Informa-se o justo da causa dos pobres,
mas o perverso de nada disso quer saber. (Provérbios 29:7)

GUARDANDO OS OLHOS

Os teus olhos olhem direito,
e as tuas pálpebras, diretamente diante de ti. (Provérbios 4:25)

LIDERANÇA E AUTORIDADE

O que ama a pureza do coração e é grácil no falar
terá por amigo o rei. (Provérbios 22:11)

DIAMANTES SOLTOS II

Como cidade derribada, que não tem muros,
assim é o homem que não tem domínio próprio. (Provérbios 25:28)

SOBRE O AUTOR

O Pr. Davi Merkh é casado com Carol Sue desde 1982. O casal tem seis filhos: Davi (casado com Adriana), Michelle (casada com Benjamin), Juliana, Daniel (casado com Rachel), Stephen (casado com Hannah) e Keila (casada com Fabrício). Davi e Carol tinham 21 netos no momento em que este livro foi editado.

Pr. Davi formou-se com bacharel em Ciências Sociais na Universidade de Cedarville (EUA – 1981), com mestrado em teologia (Th.M.) no Dallas Theological Seminary (EUA – 1986) e com seu Doutorado em Ministérios (D.Min.) com ênfase em ministério familiar no mesmo seminário (2003).

Ele é missionário no Brasil desde 1987, trabalhando como professor do Seminário Bíblico Palavra da Vida em Atibaia, SP. Serve como um dos pastores auxiliares da Primeira Igreja Batista de Atibaia desde 1987.

O casal também ministra em conferências e congressos para casais e famílias e tem desenvolvido um ministério para as famílias de missionários e pastores ao redor do mundo.

Davi e a esposa são autores de mais de vinte livros sobre vida familiar e ministério prático, todos publicados pela Editora Hagnos.

Pr. Davi e Carol têm um canal de YouTube "Palavra e Família" com muitos programas sobre vida familiar. O site *www.palavraefamilia.org.br* inclui muitos artigos sobre a família e temas bíblicos e hospeda mensagens da rádio BBN do programa "Palavra e Família."

OUTROS LIVROS DO AUTOR

O leitor que encontrou aqui material útil apreciará outros livros do autor de abordagem bíblica e prática para a igreja brasileira.

COMENTÁRIO BÍBLICO: LAR, FAMÍLIA E CASAMENTO

Um comentário expositivo sobre todos os principais textos bíblicos sobre a família. Nesse guia sistemático e altamente bíblico, pastores, líderes de ministérios familiares, estudiosos e casais encontrarão uma enciclopédia de informações úteis e agradáveis que podem transformar para sempre seus lares e as famílias para quem ministram.

SÉRIE *15 LIÇÕES*

15 Lições para transformar o casamento
15 estudos sobre os fundamentos de um lar cristão, incluindo lições sobre o propósito de Deus para a família, reavivamento a partir do lar, aliança e amizade conjugais, finanças, papéis, comunicação e sexualidade no lar.

15 Lições para educação de filhos
15 estudos sobre a criação de filhos, incluindo lições sobre o discipulado e a disciplina de crianças, com ênfase em como alcançar o coração do seu filho.

15 Lições para fortalecer a família
15 estudos sobre temas e situações preocupantes no casamento, mas que começa com uma perspectiva equilibrada sobre mudança bíblica, ou seja, o que Deus quer fazer no coração de cada um apesar de e por causa das "tempestades" pelas quais passam. Inclui estudos sobre: maus hábitos, crítica, parentes, finanças, sogros, discussões e decisões sobre o futuro.

LIVROS SOBRE TÓPICOS FAMILIARES:

151 boas ideias para educar seus filhos
Uma coletânea dos textos bíblicos voltados para a educação de filhos, com sugestões práticas e criativas para sua aplicação no lar.

O legado dos avós (David Merkh e Mary-Ann Cox)

Um livro escrito por uma sogra, em parceria com seu genro, sobre o desafio bíblico para deixarmos um legado de fé para a próxima geração. Inclui:

- 13 capítulos desenvolvendo o ensino bíblico sobre a importância do legado, apropriados para estudo em grupos pequenos, Escola Bíblica, grupos da terceira idade etc.
- 101 ideias criativas de como os avós podem investir na vida dos netos.

O namoro e noivado que DEUS sempre quis (David Merkh e Alexandre Mendes)

Uma enciclopédia de informações e desafios para jovens que querem seguir princípios bíblicos e construir relacionamentos sérios e duradouros para a glória de Deus.

Perguntas e respostas sobre o namoro (David Merkh e Alexandre Mendes)

Respostas às dúvidas mais comuns sobre a construção de relacionamentos que glorificam a Deus.

Homem nota 10

Esse manual de 18 estudos visa encorajar homens a serem tudo que Deus deseja que sejam. Dezoito estudos examinam as listas de qualidades do homem de Deus conforme 1 Timóteo 3 e Tito 1.

Homens mais parecidos com Jesus

Esse guia de discipulado tem 13 estudos sobre o caráter e a conduta de homens que parecem cada vez mais com Cristo Jesus. Estudos indutivos seguem o plano de Deus para o homem desde a Criação, passando pela Queda e a restauração da verdadeira masculinidade encontrada em Cristo.

Mulheres mais parecidas com Jesus

Esse livro destaca a importância do conhecimento bíblico no desenvolvimento do caráter e da conduta da mulher cristã, desafiando-a a repensar sua identidade, seu papel e sue propósito à luz das Escrituras.

Casamento nota 10

Muitos casais hoje não tiveram o privilégio de conviver com mentores ou uma família modelo para prepará-los para os desafios da vida a dois, mas a Palavra de Deus oferece esperança para termos lares sólidos quando deixamos Jesus ser o construtor da família. *Casamento nota 10* serve como guia fiel da vida matrimonial para casais de noivos, recém-casados e aqueles com muitos anos de vida conjugal. Escrito para uso individual, para casais ou para grupos de estudo bíblico, os princípios fundamentais para um casamento bem-sucedido são compartilhados de forma devocional e prática.

Cantares para casais

O livro de Cantares talvez seja o livro mais mal interpretado e ignorado da Bíblia, mas fala em claro e alto som sobre sua vontade para o relacionamento amoroso entre o homem e a mulher. Siga a história romântica de Salomão e a Sulamita desde o noivado até as núpcias, desde a tensão e do conflito depois da lua de mel até a reconciliação e o aprofundamento do amor. Aprenda princípios bíblicos expressos em forma poética e lírica que transformarão para sempre seus conceitos de amor, romance, casamento e sexo.

SÉRIE *101 IDEIAS CRIATIVAS*

101 ideias criativas para a família

Apresenta sugestões para enriquecer a vida familiar, com ideias práticas para:

- o relacionamento marido-esposa
- o relacionamento pai-filho
- aniversários
- refeições familiares
- a preparação para o casamento dos filhos
- viagens

101 ideias criativas para o culto doméstico

Recursos que podem dinamizar o ensino bíblico no contexto do lar e deixar as crianças "pedindo mais".

101 ideias criativas para grupos pequenos

Um livro que ajuda muitos no ministério com grupos familiares e nos vários departamentos da igreja. Inclui ideias para quebra-gelos, eventos e programas sociais e brincadeiras para grupos pequenos e grandes.

101 ideias criativas para mulheres (Carol Sue Merkh e Mary-Ann Cox)

Sugestões para transformar chás de mulheres em eventos inesquecíveis, que causam impacto na vida das mulheres. Inclui ideias para chás de bebê, chás de cozinha e reuniões gerais da sociedade feminina da igreja. Termina com dez esboços de devocionais para encontros de mulheres.

101 ideias criativas para professores (David Merkh e Paulo França)
Dinâmicas didáticas para enriquecer o envolvimento dos alunos na aula e desenvolver a melhor compreensão do seu ensino.

SÉRIE *PAPARICAR*

101 ideias de como paparicar seu marido
Textos bíblicos com aplicações práticas para a esposa demonstrar amor para seu marido.

101 ideias de como paparicar sua esposa
Textos bíblicos com aplicações práticas para o marido demonstrar amor para sua esposa.

Sua opinião é importante para nós.

Por gentileza, envie-nos seus comentários pelo e-mail:

editorial@hagnos.com.br

Visite nosso site:

www.hagnos.com.br